KB023957

012

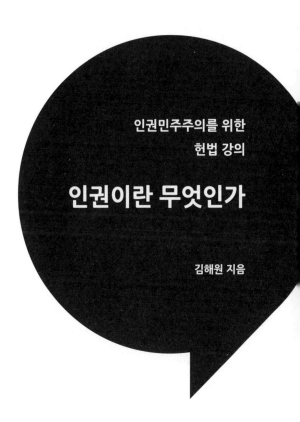

팸플릿 012

인권민주주의를 위한
헌법 강의

인권이란 무엇인가

김해원 지음

한티재

이 책은 기본적 인권의 제한에 관한 연구로 박사학위를 취득한 후* 주로 대학에서 법학전공자들을 대상으로 헌법과 인권을 강의하고 있는 저자가 국가인권위원회의 직원교육이나 인권강사양성과정에서 혹은 군대·경찰서·관공서·학교·병원 등에 근무하는 인권관련업무종사자나 일반인들을 대상으로 대학 밖의 공간에서 행했던 인권 및 국가에 관한 강의들의 일부를 책의 형식으로 엮은 것입니다. 물론 체계를 갖춘 한 권의 책으로서의 완결성을 담보하기 위해서 실제 강의에서 시간적 제약으로

---

* Vgl. Hae Won Kim, Schranken und Schrankenschranken grundrechtlicher Abwehrrechte, Diss., Uni. Hannover, 2009.

언급하지 못한 내용들을 보충하고 불명확한 표현들을 수정했으며, 강의에서 다루었지만 인권일반에 관한 기본적 쟁점이 아닌 특수한 논의들이나 아주 전문적인 내용들은 축소하거나 제외했습니다. 하지만 3차원 공간에서 행한 강의가 2차원 공간인 지면 위에서 재생되는 것 같은 생생한 현장감이 전달될 수 있기를 기대하면서 강의녹취록을 보완 및 재구성했습니다.

　책 제목으로 처음부터 염두에 둔 것은 강의 대상, 즉 무엇에 대한 강의인지를 잘 드러낼 수 있는 『인권강의 — 인권이론과 인권실천』이었습니다. 하지만 이러한 제목은 (보살피는 개의 이름을 '개'로 명명하는 것과 다름 아닐 정도로 너무 당연하고 밋밋해서) 저자가 행한 강의의 특성과 현장감은 물론이고, 무엇을 위한 강의인지를 부각하기에는 미흡함이 많다는 의견이 편집과정에서 제기되었습니다. 결국 고민 끝에 『인권이란 무엇인가 — 인권민주주의를 위한 헌법 강의』를 이 책의 제목으로 삼았습니다. 왜냐하면 헌법연구자로서 한편으로는 대중들에게 '인권이란 무엇인가?'라는 근본적인 물음을 던져서 인권과 인권문제에 대한 통념들을 성찰할 수 있는 계기를 제공하기 위해서, 다른 한편으로는 우리 헌법이 지향하는 정치공동체인 '인권민주주의 국가'의 구현에 대중들과 함께하고 싶은 욕심에서 인권강의를 해왔기 때문입니다. 실제로 인권이론과 인권실천에 관한 강의의 녹취록을 바탕으로 집필된 이 책의 「1부 : 인권이론」에서는 '인권은 누가 무엇을 위하여 누구에게 어떤 것을 요구하는 어떠한 권리인가?'라는 물음을 통해서 인권에 대한 오해에 터 잡아 분별없이 주장되는 요구들과 인권을 예절이나 윤리·도덕으로 둔갑시켜서 인권보유자의 행위를 규율하는 수단으로 왜곡하는 현상을 성찰하고, 인권의 개념과 본질, 인권의 의미, 자유와 권리, 인권관계, 인권감수성, 인권의식, 인권의 분류, 인권의 목적 등과 같은 인권에 관한 기본적 사항들을 정리하고 있으며, 「2부 : 인권실천」에서는 인권실천의 계기와 인권침해상황, 인권침해 여부에 대한 판단(인권심사)과 판단의 기준(인권심사기준), 인권실천의 방식과 한계, 인권현실(정치와 사법 및 민주주의와 법치주의의 긴장관계)에서 인권실천의 어려움 등을 설명하면서 민주주의에 기대어 기본적 인권의 가치를 구현하고자 하는 인권민주주의의 길을 강조하고 있습니다.

이 책은 비교적 쉬운 언어로 인권이론뿐만 아니라 인권실천과 관련된 기본적 사항들을 거의 대부분 망라하고 있다는 점에서 대학교 1~2학년 정도의 소양을 갖추고 있는 독자들을 위한 인권입문서 내지는 인권개론서로 적절하다고 생각합니다. 뿐만 아니라 혁명을 통해 주권을 찬탈하고 헌법을 제정한 근대인들의 진정한 계승자로서 그들로부터 물려받은 전리품이자 무기인 인권을 공부하고 이를 시퍼렇게 벼리는 것은 구체적 삶의 현장에서 계속되는 권력의 폭거와 무능을 폭로하고 국가폭력을 순치시켜 궁극적으로 주권자인 우리의 존엄과 행복을 계속적으로 고양하기 위한 과정임을 깨우치는 데, 이 책은 큰 부족함이 없을 것입니다. 하지만 더 풍부하고 더 전문적인 인권공부를 계획하고 있다면 이 책의 내용을 기본으로 해서 다양한 생활 영역에서 구체적으로 문제 되는 개별 인권들(인권각론)로 관심을 확장하거나, 이 책에서 언급된 쟁점들을 더욱 정밀하게 검토하는 심화학습으로 나아가도 좋겠습니다. 특히 후자와 관련해서는 저자의 또 다른 책인 『기본권심사론』(박영사, 2018)을 참고할 수 있을 것입니다.

헌법학을 전공한 저자가 헌법 제10조 "기본적 인권"에 대해 특별한 관심을 갖고 본격적으로 인권공부를 심화시켜온 지난 10여 년 동안의 시간은 사실 인권적 진보를 믿고 인권과 인권 관계를 정치하게 탐구하는 것 그 자체가 허영에 가득 찬 사치이거나 지혜롭지 못한 헛된 작업으로 비쳐질 만큼 인권이 후퇴했던 시기였습니다. 실제로 가습기 살균제 참사, 불법적인 언론사 사장 해임 및 언론인 해고를 통한 언론장악, 용산참사, 쌍용자동차 정리해고 및 한미 FTA 반대 시위에 대한 과잉진압, 미네르바 사건, 재벌위주의 성장정책에서 초래된 경제·사회 양극화 현상, 4대강 대운하 사업, 부패로 얼룩진 해외 자원개발사업과 방위사업, 천안함 침몰사건, 국가정보원의 대통령선거 불법개입 및 간첩조작사건, 법치주의에 반하는 개성공단폐쇄, OECD 국가 중 자살률 1위, 핍진적인 비정규노동자의 삶과 배제되고 있는 노동, 전국교직원노동조합 시국선언사건, 세월호 침몰사건, 통합진보당 해산사건, 피해자를 소외시킨 일본군 성노예 문제에 대한 한·일 협상, 문화예술인들에 대한 소위 블랙리스트 사건과 민간인 불법사찰, 증대되었던 남북 간의 전쟁 위험, 비선실세를 동원한 대통령의 국정농단과 대통령탄핵사건, 대법원의 사법행정권남용 및 재판거래 의혹, 촛불집회 진압을 위해 계엄령을 검토한 기무사령부의 내란음모 및 군사반란 의혹 등등과 같이 일일이 거론하기 어려울 만큼 많은 어마어마하고 무시무시한 사건들을 언급하다보면 인권은커녕 도대체 국가란 무엇이며, 과연 우리는 국가를 갖고 있기는 한 것인지를 되묻지 않을 수 없던 시기였습니다.

하지만 이제는 '어떤 국가이어야만 하는가?' 혹은 '어떤 국가를 만들 것인가?'와 같은 보다 실천적인 물음을 던지는 것이 더 중요해졌고, '국가란 무엇인가?'라는 물음은 우리가 원하는 국가를 꿈꾸고 이룩하기 위한 선행질문으로서만 유의미할 뿐입니다. 왜냐하면 우리는 대한민국이라는 정치공동체의 허울뿐

인 주권자가 아니라, 국가최고권력기관인 대통령직에 있던 자를 탄핵을 통해 강제로 몰아내고 그 권력을 갈아치운 실질적 주권자로 거듭났기 때문입니다. 그런데 '어떤 국가를 만들 것인가?'에 대한 대답으로 우리가 민주공화국의 최고규범인 헌법을 그 준거로 내세우거나 혹은 더 많은 인권과 더 많은 민주주의를 통한 더불어 존엄하고 더불어 행복한 삶을 위한 정치공동체로서의 국가, 즉 '인권민주주의 국가'를 염두에 둔다면, 이제 우리는 인권과 민주주의의 관계를 숙고하며 본격적으로 '인권이란 무엇인가?'라는 물음과 마주해야 할 때입니다. 이 책이 이러한 물음을 각성하고 확산하는 도구가 되었으면 좋겠습니다.

이 책이 출판되기까지 많은 분들에게 빚을 졌습니다. 특히 저자에게 헌법과 인권 공부의 길을 안내해주신 조홍석 교수님의 학은과 이 책의 계기가 된 강의들을 마련해주신 국가인권위원회의 권혁장 인권교육기획과장님과 김재석 부산인권사무소장님을 비롯하여 권혁일·박대현·박민경·최수희·최혜정 선생님, 국립정신건강센터 이상훈 과장님과 한정미 선생님, 전국교직원노동조합 대구지부 박찬용·민세인 선생님, 인문학교육연구소 양진호 소장님, 지방자치인재개발원 손윤석 교수님, 경기복지재단 김정희 선생님, 경찰인재개발원 이정원 경감님과 대구·부산지방경찰청 및 육군 31사단의 도움을 기억합니다. 그리고 여러 가지 어려운 상황에서도 상업성을 기대하기 어려운 종이 뭉텅이를 책으로 가꾸어주신 도서출판 한티재의 오은지 대표님과 변홍철 편집장님의 정성스러움에 특별한 감사를 드립니다. 한편 책 전체의 얼개는 물론이고 「1부 : 인권이론」의 대부분을 완성했던 지난 2월 영국 브리스톨Bristol에서의 열흘은 집필과정에서의 결정적 시기였습니다. 그 기간 동안 머무를 공간과 정갈한 음식을 제공해준 오랜 벗 김용진 대표와 그의 가족들에게도 고마움을 전합니다. 아울러 녹음된 강의를 글로 풀어서 집필을 용이하게 해준 강우상 조교와 교정과정에서 시간과 생각을 나누어 준 김택선·윤경희 변호사, 김중길 박사, 나정수 석사의 애씀 또한 함께 기록해 둡니다.

2018년 8월 1일
김해원

차례

1. 시작 인사

안녕하세요? 김해원입니다. 귀한 시간을 내어서 인권강의를 듣고자 찾아오신 여러분께 감사드립니다. 오늘 이 자리에서 함께 공부할 주제는 '인권이론과 인권실천'입니다. 주어진 주제에 상응하여 본 강의는 인권이론에 관한 기본적 사항들을 정리하는 1부와 인권실천과 관련해서 특히 주목해야 할 점들을 검토하는 2부로 구분해서 진행하고자 합니다. 제한된 시간 동안 인권에 관한 이론과 실천을 함께 다루어야 하므로 다소 마음이 바쁘긴 합니다만, 본격적으로 시작하기 전에 강의의 개요부터 간단히 말씀드리겠습니다.

2. 강의 개요

다른 경우들에서와 마찬가지로 인권과 관련해서도 '이론'과 '실천'은 상호 배태되는 중첩적 계기라는 점에서 양자가 명확하게 분별되는 것은 아닙니다. 하지만 일반적으로 어떤 대상에 관한 지식을 논리적인 연관에 따라 하나의 체계로 엮은 것을 '이론', 일정한 사실이나 형편에 작용하여 그것을 유지 혹은 변혁시키려고 하는 인간의 의식적·능동적 활동을 '실천'이라고 하면서 양자를 구분할 수 있는 것처럼, 인권 또한 '인권이론'과 '인권실천'으로 나누어 살펴볼 수 있을 것입니다. 따라서 인권에 대한 체계적 이해를 돕기 위한 '1부 : 인권이론'에서는 인권의 개념·본질·특성·내용 및 목적 등과 같은 인권에 관한 중요한 일반론을 종합·정리하고 인권과 분별되어야 할 인접개념들을 살펴봄으로써 궁극적으로 '인권은 누가 무엇을 위하여 누구에게 어떤 것을 요구하는 어떠한 권리인가?'라는 물음에 대한 대답을 찾아볼 것입니다. 그리고 인권에 기대어 현실의 변혁을 꾀하는 활동인 인권실천은 무엇보다도 인권침해상황에서 긴절하게 요청되는바, '2부 : 인권실천'에서는 인권실천의 핵심적 계기인 인권침해상황을 판정하는 기준과 인권침해상황에 대한 대응방식인 인권실천의 두 양상을 설명한 후 인권실천에서 경계해야 할 사항 내지는 인권실천의 한계를 고민해볼 것입니다.

3. 강의 목표

다사다난하고 바쁜 일상 속에서도 굳이 변화무쌍한 시공간을 움켜쥐고 어떤 대상을 찬찬히 살피며 공부하는 여유를 갖는 것은 한편으로는 그 대상에 대한 각종 지식들을 수집하여 현실의 변화를 좇아가기 위함이기도 하지만, 다른 한편으로는 대상과 자신과의 관계를 돌이켜 살피는 반성의 힘을 키우기 위함이기도 합니다. 무엇보다도 오늘 이 시간이 인권에 대한 우리의 이해와 활약을 돌이켜 살피는 계기가 될 수 있기를 기대하면서, 강의를 본격적으로 시작하겠습니다.

1

인권이론

Ⅰ. 인권의 개념과 본질

헌법적 차원의 권리로서 인권

4. 한국어를 사용하는 언어공동체와
대한민국이라는 정치공동체에서 '인권'의 개념

'인간으로서 당연히 가지는 기본적 권리', 바로 이것은 한국어를 사용하는 언어공동체 내에서 보편적으로 승인된 가장 기초적인 인권에 대한 정의이자 이해입니다.* 하지만 헌법을 매개하여 대한민국이라는 정치공동체에 결집되어 있는 우리에게 인권은 사전적 개념으로만 존재하는 것이 아니라, '헌법적 차원의 권리'로 보장되어 있습니다. 이러한 점은 무엇보다도 "국가는 개인이 가지는 불가침의 기본적 인권을 확인하고 이를 보장할

---

* 국립국어원 표준국어대사전(검색어: 인권, 검색일: 2018.01.23) 참조.

의무를 진다."라고 규정하고 있는 대한민국헌법 제10조 제2문을 통해서 뚜렷하게 확인됩니다. 따라서 우리에게 아무런 정보를 줄 수 없는 동어반복에 불과한 낱말로서의 '인권' 그 자체에만 머물러 있지 않고 인권에 대한 체계적 이해와 실제적 구현에 주목하고 있는 본 강의는 '헌법적 차원의 권리'가 의미하는 바가 무엇인지를 설명하는 것으로부터 출발하고자 합니다.

5. 인권의 본질로서 '헌법적 차원의 권리'

저는 인간으로서 당연히 가지는 기본적 권리인 인권이 헌법적 차원의 권리로 승인됨으로써 비로소 인권이 다른 권리들과 구별될 수 있는 본질적인 계기가 마련되었다고 생각합니다. 여기에서는 우선 인권의 본질적 내용이라고 할 수 있는 **헌법적 차원**과 **권리**가 의미하는 바가 무엇인지를 각각 자세하게 검토하면서 인권과 구별되어야 하는 인접개념들을 함께 살펴볼 것입니다. 이러한 과정에서 인권의 특성과 내용을 살필 수 있는 실마리를 잡을 수 있을 뿐만 아니라, 무엇보다도 '헌법적 차원의 권리'가 인권의 본질로 이해되어야 하는 이유 내지는 실천적 의미 또한 자연스럽게 이해될 수 있을 것입니다.

6. '헌법적 차원'의 의미 :
모든 권력(통치권력)을 지배하고 구속하는 인권

헌법은 독립된 정치공동체인 국가 내에 존재하는 최고 규범입니다. 헌법이 국가 내에서 다른 어떤 규범들보다도 상위에 위치한 최고 규범으로 평가될 수 있는 이유는 무엇보다도 최고 권력의 발동에 의해서 그 규범적 지위와 힘(규범력)이 확보되었기 때문입니다. 그런데 단일한 정치공동체인 국가의 의사를 최종적으로 결정할 수 있는 시원적 힘으로서 대내적 최고성과 대외적 자주성을 갖추고 있는 최고 권력은 다름 아닌 '주권'인바, 최고 규범인 헌법을 만들어내는 권력(헌법제정권력)은 오늘날 주권과 동일한 의미로 이해되고 있습니다.[*] 관련하여 우리 헌법은 제1조 제2항에서 "대한민국의 주권은 국민에게 있고, 모든 권력은 국민으로부터 나온다."는 것을 확인하고 있는데, 여기서 주권자(헌법제정권자)인 국민으로부터 나오는 "모든 권력"은 입법권·행정권·사법권 등과 같이 헌법에 의해서 정당성을 부여받은 모든 권력(통치권력)을 의미합니다.[**] 따라서 '헌법적 차원'

---

[*] 김해원, 『헌법개정 ― 개헌의 이론과 현실』, 한티재, 2017, 44쪽 참조.

[**] 한편 이러한 통치권력과 관련하여 원칙적으로 헌법은 "입법권은 국회에"(제40조), "행정권은 대통령을 수반으로 하는 정부에"(제66조 제4항), "사법권은 법관으로 구성된 법원에"(제101조 제1항) 속하도록 규정하고 있습니다.

이란 것은 '주권(헌법제정권력) 아래에 놓여 있지만, 국가의 구체적인 통치권 행사보다는 상위에 위치하는 서열'로 이해할 수 있겠습니다. 그리고 바로 이러한 점에서 주권(헌법제정권력)의 발동으로 정립된 대한민국헌법 제10조 제2문에 수록된 "개인이 가지는 불가침의 기본적 인권"은 주권자가 만든 헌법의 지배를 받는 모든 국가권력을 통제하며 구속할 수 있는 서열, 즉 헌법적 차원의 개념이란 점이 분명해집니다.

7. '법률적 차원'과 '헌법적 차원'의 분별

물론 우리 규범체계 내에서 "인권"이란 표현이 오직 헌법에서만 확인되는 것은 아닙니다. 「국가인권위원회법」이나 「북한인권법」 등과 같은 법률의 명칭에서도 확인되며, 특히 「국가인권위원회법」 제2조 제1호는 "인권"이란 용어를 적시하고 그 개념을 구체적으로 정의하고 있기도 합니다.* 하지만 헌법 제10조 제2문에 명시된 인권과 「국가인권위원회법」이나 「북한인권법」에 근거하는 인권은 뚜렷하게 분별되어야 합니다. 왜냐하면 전자인 '헌법적 차원의 개념으로서의 인권'은 국회를 포함한 모든

---

* 국가인권위원회법 제2조(정의) 이 법에서 사용하는 용어의 뜻은 다음과 같다. 1. "인권" 이란 「대한민국헌법」 및 법률에서 보장하거나 대한민국이 가입·비준한 국제인권조약 및 국제관습법에서 인정하는 인간으로서의 존엄과 가치 및 자유와 권리를 말한다.

국가권력을 지배하고 구속할 수 있는 규범으로 활용될 수 있지만, 후자인 '법률적 차원의 개념으로서의 인권'은 법률제정권자인 국회를 구속하지 못하고 오히려 국회의 법률 개정이나 제정으로 인해서 변형되거나 없어질 수 있는 것이기 때문입니다.

당연하게도 본 강의에서 우리가 주목하고자 하는 인권은 국회에 의해 좌우되는 '법률적 차원의 개념으로서의 인권'이 아니라, '구체적인 경우에 규범을 적극적·미래지향적으로 실현하는 권력(행정권력)'과 '구체적 분쟁과 관련하여 규범을 소극적·보수적으로 실현하는 권력(사법권력)'은 물론이고, 이러한 권력들의 근거인 '법률 등과 같은 각종 규범을 정립하는 권력(입법권력)' 또한 통제할 수 있는 '헌법적 차원의 개념으로서의 인권'입니다. 왜냐하면 우리는 국회에 예속된 존재가 아니라 법률제정권력을 비롯한 모든 국가권력을 도출하는 원천이면서 동시에 이러한 국가권력을 통제하는 최고 규범인 헌법을 제정할 수 있는 권력을 보유하고 있는 대한민국의 주권자이기 때문입니다.*

---

* 관련하여 '양승태 대법원장 시절 법원행정처가 청와대와의 교감 하에 법관에 대한 사찰을 자행했다는 의혹'을 조사한 추가조사위원회의 발표에 대한 대법원의 반응(대법관 13명이 참여한 입장문)을 접한 후 김주대 시인이 쓴 격문 「반박성명 발표한 대법관 13인에게 고함」(인터넷 부산일보 BUSAN.com, 2018.01.26. 기사 "대법관 13명 '반박성명'에 김주대 시인 '법관 위에 시민 있다' 장시로 통렬 비판")에 나타난 다음과 같은 표현은 주권자인 우리의 위치를 더욱 뚜렷하게 드러내고 있습니다: "너희들의 위에 법

8. 헌법적 차원에 놓여 있는 인권의 위상과 실천적 함의

지금까지의 설명들을 정리해서 오른쪽과 같은 도식을 그려 본다면, 모든 국가권력이 지향해야 할 목적적 가치이자 모든 국가권력을 통제할 수 있는 헌법적 서열의 가치가 헌법 제10조 제2문이 명시하고 있는 "인권"이란 점을 더욱 뚜렷하게 드러낼 수 있을 것입니다.

뿐만 아니라 헌법적 차원에 주목해서 인권을 체계화하려는 이러한 시도는 헌법에 부합하는 인권이론의 정립에 기여하는 것을 넘어서서, 국가권력과의 대결과정인 인권실천에서도 중요한 의미를 갖고 있습니다. 인권실천과 관련한 더 자세한 내용은 2부에서 살피기로 하고, 이하에서는 '헌법적 서열의 인권'과 구별해야 할 인권에 관한 또 다른 이해들 및 유사개념들을 살펴보면서 인권의 본질에 한 걸음 더 다가서도록 합시다.

9. 자연법적 차원으로서의 인권

한편 우리는 '헌법적 차원의 개념으로서의 인권'이 아니라 헌법을 정점으로 하는 실정법 체계를 벗어나서 추상과 이념의 세계

이 있고 법 위에 우리가 있다."

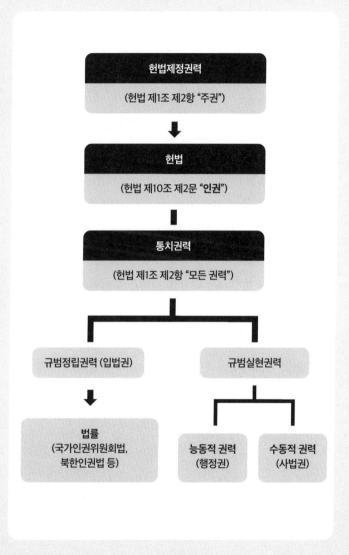

헌법제정권력
(헌법 제1조 제2항 "주권")

헌법
(헌법 제10조 제2문 "**인권**")

통치권력
(헌법 제1조 제2항 "모든 권력")

규범정립권력 (입법권)

규범실현권력

법률
(국가인권위원회법,
북한인권법 등)

능동적 권력
(행정권)

수동적 권력
(사법권)

를 규율하는 질서로서의 의미를 갖는 '자연법적 차원의 개념으로서의 인권'도 고민해볼 수 있을 것입니다. 특히 이러한 고민은 실정법이 인권을 억압하고 인권보장에 장애가 되거나 실정법을 통해서 보장될 수 있는 인권의 수준이 매우 열악한 경우 혹은 실정법을 통해서 인권현실의 개선을 도모하기가 어려울 정도로 엉망진창인 상황에서 큰 의미를 갖습니다. 왜냐하면 시대나 현실을 초월한 영구불변의 보편타당성을 갖는 정의의 내용으로서 '인권' 혹은 절대 진리 및 절대 선의 대표자이자 원천인 신神으로부터 부여받은 천부적 권리로서 '인권' 등과 같은 자연법적 차원의 개념에 기대어 실정법 질서를 비판하거나 타파하고 좀 더 인권존중적인 새로운 질서를 창출해야 할 필요성이 크기 때문입니다. 그리고 이러한 필요성은 인권에 적대적인 실정법 질서의 총체적 붕괴를 꾀하고자 할 때 극대화됩니다. 실제로 인류 역사상 자연법적 차원의 권리로서 인권이 특히 부각되었던 때는 실정법 체계의 정점에 놓여 있는 헌법을 제정할 수 있는 권력(헌법제정권력=주권)*의 교체를 의욕했던 혁명의 시기였습니다. 이는 영국 명예혁명(1688년), 미국 독립혁명(1776년),

---

* 혁명과 헌법제정권력의 관계에 대해서는 김해원, 『헌법개정 ─ 개헌의 이론과 현실』, 한티재, 2017, 44~48쪽 참조.

프랑스 시민혁명(1789년), 러시아 볼셰비키혁명(1917년) 등을 통해서도 확인됩니다.

10. 인권에 대한 자연법적 이해의 실천적 의미

바로 이러한 맥락에서 인권에 대한 자연법적 차원의 이해가 (추상과 이념의 세계가 아닌 구체적 현실에 발을 딛고 사는) 우리에게 실천적 의미를 갖는 경우는, 현실에서 그 존재와 내용을 승인받아 효력을 발휘하고 있는 실정법인 헌법으로부터 자연법적 차원의 정의 관념을 연역해내는 것이 곤란하거나 불가능한 경우라는 것을 어렵지 않게 간파할 수 있을 것입니다. 왜냐하면 실제 현실에서 적용될 수 있고 그 효력이 안정적으로 관철될 수 있는 실효적 규범인 실정법을 통해서 달성할 수 있는 것이라면, 굳이 현실에서의 적용과 효력에 관해 합의되기 어렵고 다툼과 의문의 여지가 많은 자연법적 내용에 기댈 필요가 없기 때문입니다. 예컨대 지금 갖고 있는 병따개로도 포도주병의 뚜껑을 손쉽게 열 수 있다면, 포도주병의 뚜껑을 따는 데 적합한 병따개를 구할 수 있는지 여부가 불명확함에도 불구하고 굳이 병따개 공장을 방문할 필요는 없다는 것입니다.

11. 인권에 대한 자연법적 이해의 한계

관련하여 저는 헌법을 정점으로 하는 우리의 실정법 체계가 완전하며 최고의 정의를 흠결 없이 완벽하게 포착하고 있다고는 생각하지 않지만, 적어도 현행 대한민국헌법은 추상과 이념의 세계에 들어있는 고귀한 인권적 가치들이나 자연법적 내용으로서의 정의 및 인권 관념들을 부족함 없이 거의 대부분 담아낼 수 있는 규범이라고 생각합니다. 왜냐하면 헌법은 인권과 관련된 사항들을 매우 포괄적이고 추상적이며 개방적으로 규율하고 있기 때문입니다. 예컨대 헌법은 제10조에서 "행복을 추구할 권리"를, 그리고 제34조 제1항에서 "인간다운 생활을 할 권리"를 규정하고 있습니다. 그런데 과연 인권으로 보장받거나 승인되어야 할 사항들 중에서 헌법이 명시하고 있는 "행복을 추구할 권리"나 "인간다운 생활을 할 권리" 등을 통해서 담아낼 수 없는 것이 있을까요? 만약 우리가 충분한 잠, 충분한 햇볕, 충분한 평판, 충분한 음식과 의복, 충분한 오락 등등이 행복을 추구하거나 인간다운 생활을 누리기 위한 요소라는 데 동의한다면, 헌법이 명시하고 있지 않은 수면권, 일조권, 명예권, 먹고 입을 권리, 흡연권, 여행할 권리 등등도 헌법적 차원의 명시적 권리인 "행복을 추구할 권리"나 "인간다운 생활을 할 권리"의 내용으로 쉽게 포착할 수 있을 것입니다.

뿐만 아니라 헌법은 인권관련 사항들을 현실의 변화무쌍과 상관없이 폐쇄적으로 규율하여 불변의 것으로 고정시켜둔 것이 아니라, 그 내용과 목록을 개방해두고 있습니다. 설사 구체적인 현실에서 "행복을 추구할 권리"나 "인간다운 생활을 할 권리" 등과 같은 포괄적이고 추상적인 헌법규정으로도 담아내기 어려운 인권적 가치나 내용이 발견된다고 하더라도, "국민의 자유와 권리는 헌법에 열거되지 아니한 이유로 경시되지 아니한다."라고 규정하고 있는 헌법 제37조 제1항과 같은 규정을 매개하여 새롭게 발견된 해당 사항들을 어렵지 않게 헌법적 차원으로 편입시킬 수 있다는 것입니다. 따라서 현행 헌법을 정점으로 하는 실정법 체계에서 '자연법적 차원의 개념으로서의 인권'을 별도로 승인할 실천적 의미나 실익은 크지 않다고 생각합니다. 더군다나 '인간으로서 당연히 가지는 기본적 권리'인 인권의 본질을 헌법적 차원의 권리가 아니라 자연법적 차원의 권리로 이해한다면, 오늘날 중요하게 취급되고 있는 사회권이나 선거권·국민투표권·공무담임권·재판을 받을 권리 등등과 같은 권리들을 온전한 의미에서의 인권으로 포착하는 데 어려움이 있습니다. 왜냐하면 이러한 권리들은 국가와 상관없이 혹은 국가 이전의 자연 상태에서도 인간이기만 하면 기본적으로 누릴 수 있어야 하는 가치라기보다는, 오히려 국가나 정치공동체를 전제해야지만 비로소 의미를 가질 수 있는 가치들로 이해되기 때문입니다.

12. 인권에 대한 자연법적 이해의 발전적 계승으로서 '헌법적 차원으로서의 인권'

다만 인권을 자연법적 차원의 개념으로 이해하기보다는 실제로 정립되어 있는 헌법적 차원의 개념으로 이해하고 이를 더욱 공고하게 하려는 입장이, 인권의 발전과정이나 새로운 인권의 내용을 발굴함에 있어서 자연법에 기대어 행해온 실천과 그 기여를 폄훼하거나 무시하려는 태도로 오해되어서는 안 됩니다. 오히려 오늘날 (자연법적 차원이 아니라) '헌법적 차원으로서의 인권'을 강조하는 입장은 자연법에 기대어 행해진 비상한 노력들의 결과로 얻어낸 성과가 혁명과 헌법을 통한 인권의 확인과 보장이란 점을 인식하고, 주권을 쟁취한 정치공동체의 주인으로서 이를 계승해나간다는 의미를 갖습니다. 실제로 1789년 프랑스혁명은 프랑스공화국헌법(1791년)을, 1917년 러시아혁명은 러시아연방공화국헌법(1918년)을 최초로 성립시켰으며, 1788년 발효된 미합중국헌법The Constitution of the United States of America은 영국의 식민지배에 항거한 미국독립혁명의 결과물입니다.

뿐만 아니라 추상과 이념의 세계에 존재하는 보편절대적 진리 내지는 가치인 자연법이 현실로 스며들어올 수 있는 진입구로서의 헌법을 이미 쟁취한 상황임에도 불구하고 계속해서 인권을 자연법적 차원으로 이해하는 것은 한편으로는 실정법을 통해 뒷받침되고 있는 인권의 실효성을 흔드는 것이며, 다른 한편으로는 다시 헌법 이전의 세계로 퇴보하자는 주장에 다름 아닐 수도 있습니다. 인권의 확인과 보장이 헌법을 통해서 이미 담보될 수 있는 현실에서 주권자(헌법제정권자)인 우리의 과제는 추상과 이념의 세계에 놓여 있는 자연법적 차원의 정의나 인권적 가치가 무엇인지를 고민해온 과거와는 달리, 이미 우리가 실효적으로 확보한 헌법적 차원으로서의 인권에 주목하여 이를 더 정교하고 더 강력하게 구현해내는 것으로 진일보 혹은 전환하였다는 것입니다.

13. 국제법적 차원으로서의 인권

앞서 말씀드린 것과 같이 헌법은 하나의 정치공동체, 즉 국가 내에 존재하는 최상위의 규범입니다. 그러므로 만약 존재하고 있는 헌법이 인권보장에 미흡하거나 인권을 억압하는 경우라면, 단일한 정치공동체를 독립적으로 유지하고 있는 특정 국가 내에서만 실제적 효력을 갖는 헌법적 차원의 개념으로서의 인권은 일정한 한계를 가질 수밖에 없습니다. '헌법적 차원으로서의 인권'이 갖는 바로 이러한 한계를 극복하려는 의도에서 모색되는 것이 지금까지 살펴본 '자연법적 차원으로서의 인권'과 지금부터 살펴볼 '국제법적 차원으로서의 인권'이라고 할 수 있습니다. 그런데 자연법적 차원으로서의 인권은 결국 현실세계가 아니라 시공간을 초월한 추상과 이념의 세계에 놓여 있는 정의 관념과 다를 바 없기 때문에 그 존재와 내용에 대해 현실을 살아가는 다양한 사람들 간에 동의와 승인을 얻기가 쉽지 않습니다. 뿐만 아니라 그 효력을 안정적으로 관철시킬 수 있는 수단과 방법이 마땅치 않습니다. 실제로 혁명의 시기가 아니라면, 인권분쟁은 원칙적으로 자연법이 아닌 실정법(특히, 자연법적 정신을 담아내고 있는 실정법)에 의해 관리되고 해결됩니다.

바로 이러한 점에서 특정 국가를 넘어서서 보편적으로 적용될 수 있는 가능성이 높으면서도 현재를 살아가는 인류에 의해 이미 상당부분 동의와 승인을 거쳐 나름의 효력을 국제적으로 확보하고 있는 실정법적 차원으로서의 인권, 즉 국제법적 차원으로서의 인권(국제법적 차원으로서의 인권은 일반적으로 인권과 관련된 내용을 담고 있는 조약이나 인권 관련 국제적 관행들이 일정한 법적 확신을 얻어서 형성된 국제관습법 등과 같은 형태로 존재합니다)에 대한 주목과 관심이 최근 많이 높아진 것 같습니다.

14. 인권에 대한 국제법적 이해의 한계

하지만 국제법적 차원에서 행해지는 인권에 대한 강조가 인권의 다양성을 간과하고 경우에 따라서는 인권의 이름으로 강대국이 약소국을 제재하거나 비난하기 위한 수단으로 오용될 우려는 없는 것인지, 그리고 근본적으로 특정한 문화적·역사적·사회적·정치적 배경과 조건을 고려하지 않은 국제보편규범으로서의 인권이 과연 존재할 수 있는지, 또 존재할 수 있다면 과연 누가 그러한 인권을 확인하고 선언하는 것인지 등등에 관한 물음은 여전히 남아 있습니다.

뿐만 아니라 인권에 대한 자연법적 이해에 비해서 국제법적 이해가 갖고 있는 장점들에도 불구하고 저는 인권적 가치의 헌법적 수용이 상당부분 달성된 혹은 달성될 수 있는 가능성이 열려 있는 현행 헌법체제 내에서는 인권을 국제법적 차원에서 이해할 필요성이 그리 크지 않다고 생각합니다. 왜냐하면 무엇보다도 앞서 설명한 것처럼 헌법상 인권 관련 사항들이 매우 포괄적·추상적·개방적으로 규정되어 있는바, 국제적 차원에서 승인된 인권관련 사항이라고 하더라도 그것을 국제인권조약이나 국제관습법 등과 같은 국제규범에 기대지 않고 현행 헌법을 통해서 담아낼 수 있기 때문입니다.

나아가 조약과 국제법규가 국내적으로 효력을 가질 수 있는 근거가 헌법으로부터 마련되어 있다는 점에서 조약과 국제법규의 국내적 효력은 헌법보다 하위에 놓여 있습니다. 이러한 점은 "헌법에 의하여 체결·공포된 조약과 일반적으로 승인된 국제법규는 국내법과 같은 효력을 가진다."라고 규정하고 있는 헌법 제6조 제1항을 통해서도 뚜렷하게 확인됩니다. 그런데 인권 관련 사항들을 헌법 하위 규범으로 이해하기보다는 서열이 더 높은 헌법적 차원의 규범으로 이해하는 것이 인권보장에 더 도움이 됩니다. 예컨대 국가가 일본군 성노예 문제 해결을 위해 일본과 일정한 조약을 체결했다고 하더라도 만약 그러한 조약의 내용이 피해당사자들의 인권을 충분히 고려하지 않아서 헌법이 규율하고 있는 인권보장에 위반되는 경우라면, 국제법인 조약이라고 하더라도 국내적으로는 헌법 하위에 놓여 있는 규범이기 때문에 일정한 소송요건을 갖춘 후 헌법재판소의 판결을 통해서 위헌으로 선언할 수 있게 됩니다. 하지만 국제법에 기대어 주장되는 인권(국제법적 차원으로서의 인권)으로는 설사 해당 국제법이 반인권적이라고 하더라도 해당 국제법에 저촉되는 행위들은 통제할 수 있을지언정, 그러한 국제법 내지는 반인권적인 국제조약을 체결·비준·동의하는 정부(대통령)나 국회 같은 국가기관은 물론이고, 반인권적 국제법 그 자체를 인권의 이름으로 통제하거나 통제할 수 있는 근거를 마련하는 것이 어려워집니다.

15. 정리 : 헌법적 차원의 인권으로서 '기본권'

대한민국이라는 실존하는 정치공동체 안에서 현재를 살아가는 주권자인 우리에게 인권은 헌법적 차원의 것으로 이미 확보되어 있습니다. 이것은 한편으로는 오랜 역사적 투쟁의 결과물이지만, 다른 한편으로는 부인할 수 없는 우리의 출발점입니다. 따라서 힘들게 쟁취해낸 헌법적 차원의 가치인 인권이 갖는 위상과 힘을 위축시켜서 헌법 이전의 상태인 구체제를 부활시키는 데 이바지할 것이 아니라면, 우리의 과제는 이미 헌법에 편입된 인권을 구체적 생활영역에서 어떻게 구현하고 실현할 것인지로 모아져야 합니다.

 인권이 헌법적 차원의 권리라는 점을 도외시하거나 망각하여 입법권력에 의해 좌우되는 법률적 차원의 권리로 인권을 전락시키는 것은 물론이고, 실제 효력을 갖고 통용되는 최고규범인 헌법으로부터 충분히 도출할 수 있는 인권이나 인권적 가치를 성급하게 (내용과 효력이 안정적으로 관철되기 어려운) 자연법에 기대어 주장하거나 혹은 (국제적으로는 강대국에 의해 좌우될 가능성이 많고, 국내적으로는 헌법 하위의 서열에 놓여 있는) 국제규범으로부터 연역해내는 것은 특별한 실익 없이 이미 헌법을 통해서 확보된 인권의 내용 및 인권보장의 수준을 후퇴시키는 것입니다.

물론 인권을 이해함에 있어서 자연법적 혹은 국제법적 차원에서의 접근이 무의미한 것은 아닙니다. 이러한 접근은 무엇보다도 헌법적 차원의 권리인 인권을 구체화하고 이를 보완하거나 보충하는 계기로 활용될 수 있습니다. 하지만 인간으로서 당연히 가지는 기본적 권리인 인권을 성립시키고 그 효력을 부여하는 가장 근본적인 토대 내지는 성질, 즉 인권의 본질에 대한 탐구는 '인권은 모든 국가권력을 지배하고 구속하는 헌법적 차원의 가치라는 점'을 뚜렷하게 하는 것에서부터 출발해야 한다는 것입니다.

관련하여 우리는 '헌법적 차원으로서의 인권'이 갖는 정체성 내지는 본질을 뚜렷하게 드러내는 표현으로서 헌법 제10조가 명시하고 있는 "기본적 인권" 내지는 기본적 인권의 준말로서 **'기본권'**이란 용어를 사용할 수도 있을 것입니다. 실제로 헌법학계에서는 '자연법적 차원으로서의 인권'이나 '국제법적 차원으로서의 인권'과 혼동을 피하고 '헌법적 차원의 권리인 인권'을 더 뚜렷하게 포착하기 위해서 '인권'이라는 표현보다는 '기본권'이란 용어를 더 일반적으로 사용하고 있습니다.* 앞으로 강의 중에 다른 특별한 설명 없이 단지 '인권'이 언급된다면, 이는 헌법적 차원으로서의 인권, 즉 기본권을 뜻하는 것으로 이해하시면 좋겠습니다.

16. 인권의 본질로서 '권리'

한편 인권이 헌법적 차원의 개념이라고 하더라도, 모든 헌법적 차원의 개념이 인권 혹은 인권 관련 사항인 것은 아닙니다. 우리가 인권의 본질을 이해함에 있어서 간과해서는 안 되는 중요한 사실은 인권 또한 '권리'라는 점입니다. 지금부터는 '헌법적

---

* 실제로 헌법학계에서는 실정법인 헌법적 차원의 권리와 실정화되지 않은 자연법적 차원의 권리 상호간 혼동을 피하기 위해서 전자를 '기본권'으로 후자를 '인권'으로 지칭하는 경우가 많습니다(이와 관련하여 특히 김해원, 「기본권체계」, 『법학논고』 32, 경북대학교 법학연구원, 2010, 305쪽: "[…] 다만 자연적인 권리들이 실정법으로 편입된다고 해서 본래 가지고 있었던 자연법적인 성격을 상실하는 것은 아니며, 권리의 실정화로 인해 당해 권리는 실정법에 정해진 요건의 구체화를 통하여 그 보장범위가 명확해지고 법원에 대하여 재판규범으로서의 원용이 강제되며, 권리가 추상과 이념의 세계로부터 구체적인 법 실무의 세계로 명확하게 이전됨을 통해 권리의 실효성이 확보되는 것이다. 이러한 관점에서 법적으로는 기본권이, 철학적으로는 인권의 의미가 부각될 뿐, 인권이 기본권보다 더 상위의 가치라고 단정해서는 안 되며, 오히려 기본권성이 없는 인권은 대체로 유효성을 결여하고, 현실과 유리되기 쉬울 것이다. 따라서 기본권이 실정권이냐 자연권이냐 하는 양자택일의 물음에서 벗어나서 '실정법적 권리로서 자연법적 성격을 가진 기본권'과 자연법적 속성이 거의 없는 기본권 내지는 새로운 기본권들을 '새로운 실정법적 권리로서의 기본권'으로 개념을 정리하는 것이 좋을 것이다.").

차원'과 함께 인권의 본질을 이루는 또 다른 개념요소라고 할
수 있는 '권리' 그 자체가 갖고 있는 의미를 살펴보도록 합시다.

17. 권리의 의미(1) : 자유

여러분, 도대체 '권리'라는 것은 무엇일까요? 일상적으로 사용
하는 표현인 '권리를 갖는다'는 말에는 어떠한 의미가 내포되
어 있다고 생각합니까? '어떤 무엇에 대한 권리를 갖고 있다'는
것은 소극적 차원에서 본다면, 그 어떤 무엇에 대한 자유를 향
유하고 있다는 것입니다. 예컨대 여러분이 휴식할 권리를 갖고
있다면 여러분은 틀림없이 휴식할 수도 있고 휴식하지 않을 수
도 있는 상태, 즉 자유로운 상태에 있음을 부정할 수 없을 것입
니다. 규범 이론적 차원에서도 무엇을 해도 되고 하지 않아도
되는 의무 없는 상태, 즉 허용이라는 당위의 양식으로 포착할
수 있는 상태를 자유로 이해하면서, 이러한 자유를 권리개념을
형성하는 핵심요소로 받아들이고 있습니다.* 만약 누가 여러분
들에게 자유가 무엇이냐고 묻는다면, '허용이라는 당위의 양식
으로 포착되는 상태'라고 대답해도 좋겠습니다.

---

* 권리개념요소로서 자유에 관해서는 특히 W.N. Hohfeld, Some Fundamental Legal
  Conceptions as Applied in Judicial Reasoning, in: *Yale Law Journal 23*, 1913, pp.
  16-59; R. Alexy, *Theorie der Grundrechte*, Suhrkamp, 3. Aufl., 1996, S. 171ff.

그런데 자유롭다는 것은 어떤 무엇을 해도 되고 안 해도 되는 상황이니까, 사실 선택의 순간이기도 합니다. 선택할 수 있는 지위에 있다는 것은 한편으로는 억압과 강제 혹은 의무가 없어서 좋다고 볼 수 있겠지만, 다른 한편으로는 끊임없는 선택의 순간에 마주해야 하는 고통도 함께 있습니다. 자유로운 선택에는 선택의 결과를 남의 탓으로 돌릴 수 없는 자기책임이 수반되기 때문이기도 하지만, 때로는 선택에 대한 책임과도 무관하게 단지 선택의 순간으로부터 해방되고 싶은 욕망이 우리 마음속에 도사리고 있는 것은 아닌가 하는 생각을 해봅니다. 실제로 점심 때 무엇을 먹을 것인지 늘 고민하기보다는 때로는 일방적으로 제공되는 급식이 더 좋다고 생각되는 경우를, 어디에 가서 무엇을 할 것인지를 늘 선택하고 고민하는 여행보다는 때로는 여행사의 한 묶음 여행package tour 상품이 더 편리하다고 생각되는 경우를 우리는 종종 경험합니다. 오랫동안 자유를 얻기 위해 싸워 온 인간들이 근대에 들어와서 자유를 포기하고 도망가려는 현상에 주목해서 나치즘Nazism이 부각된 원인을 분석하고 있는 에리히 프롬Erich Fromm(1900~1980)의 『자유로부터의 도피』 (1941)도 바로 이러한 맥락에서 읽어볼 수 있을지도 모르겠습니다.

18. 인권에 내포된 자유의 의미

바로 이러한 자유가 헌법적 차원의 권리인 인권에도 당연히 내포되어 있습니다. 자유롭다는 것은 무엇을 해도 되고 안 해도 된다는 것이므로 의무로부터 벗어나 있다는 것입니다. 즉 반드시 무엇을 해야 할 억압과 강제가 없다는 것입니다. 따라서 인권을 갖고 있는 자유로운 인격체인 우리들은 원칙적으로 강제로 구속당하거나 특정 선택을 강요당하지 않을 지위에 있다고 할 수 있습니다. 바로 이러한 지점에서 '권리를 행사하려는 사람은 자신의 의무이행을 소홀히 하면 안 된다'라는 취지에서 종종 언급되는 '권리에는 의무가 따른다'Rights and responsibilities go hand in hand라는 표현은 오해의 소지가 많다고 하겠습니다.

왜냐하면 권리에 따르는 의무는 권리보유자(권리주체)에게 귀속되는 것이 아니라 권리상대방에게 귀속되는 것이며, 권리보유자는 의무가 아니라 '의무 없음' 즉 자유를 향유하기 때문입니다. 권리주체에게는 의무가 따르는 것이 아니라, 권리에 수반된 자유를 향유함으로 인해 마주하게 되는 '선택'과 '선택에 따른 결과'를 남 탓 하지 않고 또 우는 소리 하지 않고 받아들이고 견딜 수 있는 마음가짐만이 필요할 뿐입니다. 이러한 마음가

짐을 '자기책임'이라고 불러도 좋겠습니다.* 논리적으로도 자유는 '의무 없음'과 동의어라는 점에서, 동일인이 똑같은 대상에 대해서 자유와 의무를 함께 갖고 있다는 것(즉 자유의 주체이면서 동시에 의무의 주체라는 것)은 그 자체로 모순입니다. 바로 이러한 맥락에서 '인권 혹은 자유를 누리고자 하는 사람은 자신의 의무를 이행해야 한다'라는 표현 또한 인권주체를 인권의 상대방 내지는 의무자로 전락시킨 것이란 점에서 적절치 않다고 하겠습니다.**

그런데 이러한 자유로서의 인권은 지금 자신이 무엇을 해도 되고 하지 않아도 되는 상태에 놓여 있는지 여부를 살피게 하여 일정한 의무로부터 벗어나 있는지 여부(즉 자유로운지 여부)를 확인케 하는 장점은 있으나, 그 자체만으로는 자유롭지 않은 상황에 대응할 수 있는 적극성은 결여되어 있습니다. 즉 자유가 억압받는 경우에 권리로서의 인권이 어떠한 역할을 할 수 있는지에 관해서는 뚜렷한 대답을 제시하고 있지 않다는 것입니다.

---

* 관련하여 우리 헌법은 제13조 제3항에서 "모든 국민은 자기의 행위가 아닌 친족의 행위로 인하여 불이익한 처우를 받지 아니한다."라고 함으로써 자기책임의 원칙을 간접적으로 드러내고 있습니다.

** 권리, 특히 인권을 갖고 있는 자가 타인의 인권을 존중 혹은 보장해야 할 의무가 없다는 것은 인권상대방 및 인권실천과 관련하여 중요한 의미를 갖습니다. 관련 내용은 아래에서 계속 설명될 것입니다.

따라서 자유가 억압받는 경우에 자유의 보호울타리protective perimeter 내지는 대응수단으로 기능할 수 있는 권리의 적극적 측면이 새롭게 강조될 필요가 있습니다.* 바로 이러한 지점에서 '어떤 무엇에 대한 권리를 갖고 있다'는 것에 내포된 적극적 의미인 '요구'를 살펴봅시다.

19. 권리의 의미(2) : 요구

사실 우리가 어떤 무엇에 대한 권리를 주장할 때, 일반적으로 가장 먼저 주목하는 것이 권리에 내포된 '요구'라는 측면입니다. 왜냐하면 권리를 갖고 있다는 것은 권리상대방에게 어떤 무엇을 요구할 수 있는 지위가 일정한 힘(특히 법)에 의해 뒷받침되고 있다는 것이고,** 그러한 요구에 상응하여 권리상대방은 일정한 강제, 즉 의무를 부담하기 때문입니다. 따라서 요구는 권리를 권리답게 만드는 가장 핵심적인 계기로서 권리개념

---

* 관련하여 특히 허버트 하트는 자유로서의 권리는 요구로서의 권리에 의해서 보호되지 않으면 권리로서 기능할 수 없다는 취지에서 자유의 '보호울타리(protective perimeter)'로서 요구에 주목하고 있습니다(H. L. A. Hart, *Essay on Bentham: Studies in Jurisprudence and Political Theory*, Oxford, 1982, p. 171.).

** 권리의 본질을 법에 의해 부여된 의사의 힘으로 보는 견해(의사설)와 법에 의해 보호되는 이익이라고 보는 견해(이익설)가 크게 대립하고 있습니다. 하지만 지금 우리는 권리 그 자체가 아니라 권리의 한 종류인 인권에 주목하고 있다는 점에서, 권리의 본질에 관한 상세한 논의는 여기서 다루지 않을 것입니다.

요소가 됩니다. 일찍이 권리개념분석에서 탁월한 통찰을 보여 준 웨슬리 호펠드W. N. Hohfeld(1879~1918)가 요구claim를 '가장 엄밀한 의미의 권리'a right in the strictest sense로 이해한 것도 바로 이러한 맥락이었습니다.*

그런데 우리의 행위는 크게 작위행위와 부작위행위로 분별된다는 점에서, 권리에 내포된 요구 또한 사실 두 가지 형태로 등장합니다. 하나는 권리상대방에 대해서 일정한 행위를 하라는 요구이며, 다른 하나는 권리상대방에 대해서 일정한 행위를 하지 말라는 요구입니다. 전자는 작위행위를 요구하는 것이며, 후자는 부작위행위를 요구하는 것입니다. 규범적으로는 작위행위를 요구하는 것을 '명령'이라고 하고, 부작위행위를 요구하는 것을 '금지'라고 합니다. 어떤 무엇에 대한 권리에는 원칙적으로 권리상대방에게 작위를 요구하여 작위의무를 부담시키는 '명령'과 부작위를 요구하여 부작위의무를 부담시키는 '금지'가 함께 담겨 있습니다. 예컨대 여러분이 어떤 물건을 전면적이고 배타적으로 지배할 수 있는 권리, 즉 소유권을 갖고 있다고 생각해봅시다. 물론 이 경우 여러분은 앞서 살펴본 것과 마찬가지로 그 물건을 소유할 수도 있고 소유하지 않을 수도 있는 '자유'

---

* W.N. Hohfeld, 앞의 글, p. 30.

가 있는 상황, 즉 소유가 허용된 상태에 있습니다. 그런데 이때 만약 누가 여러분의 소유물인 그 물건을 마음대로 가져가서 사용하고 있다면, 여러분은 소유권에 기해서 물건을 가져간 상대방에게 그 물건을 돌려 달라는 요구, 즉 작위행위를 요구할 수 있을 것입니다. 반면에 여러분이 갖고 있는 그 물건을 누군가가 마음대로 집어 가려고 한다면, 여러분은 소유권에 기해서 물건을 집어가려는 사람에게 그 물건을 집어 가지 말 것을 요구, 즉 부작위행위를 요구할 수 있을 것입니다.[*] 전자의 경우에 여러분은 소유권을 명령규범으로 주장해서 상대방에게 작위의무를 부과한 것이며, 후자의 경우에는 소유권을 금지규범으로 주장해서 상대방에게 부작위의무를 부과한 것입니다.

20. '요구'에 주목하는 표현으로서 권리관계와 인권관계

국어사전에도 수록되어 있는 '권리관계'權利關係라는 단어는 권리에 내포된 '자유'보다는 '요구'에 주목하고 있는 표현입니다.

---

[*] 이러한 점은 다른 경우에도 마찬가지입니다. 예컨대 쾌적하지 않은 환경에서 생활하고 있는 사람은 헌법 제35조 제1항 "건강하고 쾌적한 환경에서 생활할 권리"나 헌법 제35조 제2항 "환경권"을 적극적으로 원용해서 국가를 상대로 쾌적한 환경을 조성해 달라는 작위행위를 요구(환경조성청구권)하겠지만, 반대로 쾌적한 환경에서 살고 있는데 국가가 이러한 환경을 훼손하는 행위를 하는 경우에는 환경권을 부작위행위요구권으로 원용해서 해당 행위를 하지 말 것을 요구(환경침해배제청구권)할 수 있을 것입니다.

즉 일정한 행위를 요구할 수 있는 지위를 갖고 있는 권리자와 그러한 요구의 상대방으로서의 지위에 놓여 있는 의무자 상호간의 관계 내지는 권리의무관계의 준말이 권리관계이기 때문입니다.* 바로 이러한 점에서 권리에 내포된 '요구'를 '좁은 의미의 권리'라고 부를 수도 있겠습니다. 실제로 우리가 자유와 권리를 서로 대등하게 나열할 경우(예컨대 '자유와 권리')에 사용되는 '권리'는 대체로 좁은 의미의 권리, 즉 요구를 의미하는 것으로 이해됩니다. 한편 인간으로서 당연히 가지는 기본적 권리인 인권 또한 권리라는 점에서 권리의 핵심 요소인 '요구' 또한 인권에도 당연히 내포되어 있다고 해야 할 것입니다. 따라서 '인권관계'라고 하면 '인권에 기초해서 일정한 행위를 요구할 수 있는 인권보유자(인권주체)와 그러한 요구에 대해 의무를 부담하는 인권상대방(인권의무자) 상호간 헌법적 차원의 권리의무관계'를 뜻하는 것으로 이해할 수 있겠습니다. 이러한 관계의 일반론에 관한 것은 인권이론에서 주로 다루는 쟁점이라면, 현실에서 발생하는 구체적 인권관계를 어떻게 정립하고 형성할 것인지에 관한 문제는 인권실천의 주요한 과제가 됩니다.

---

* 국립국어원 표준국어대사전(검색어: 권리관계, 검색일: 2018.02.10) 참조.

21. 인권에 내포된 요구의 의미

그런데 인권에 내포된 '자유'는 무엇보다도 인권을 갖고 있는 인권주체의 상태를 성찰하게 하고 좀 더 좋은 선택을 고민하게 하는 중요한 계기라면, 인권에 내포된 '요구'는 인권침해를 막아내는 좀 더 적극적이고 실천적인 계기가 됩니다. 왜냐하면 '자유'는 인권주체를 의무로부터 해방시키는 데 그치지만, '요구'는 인권의 상대방에게 일정한 의무(작위의무 혹은 부작위의무)를 부과하는 것이기 때문입니다. 따라서 인권이론 그 자체가 아니라, 인권의 실제적 구현을 위한 인권이론과 인권실천에 주목하고 있는 본 강의에서는 인권에 내포된 '자유'보다는 '요구'가 더 부각될 것이며, 특히 인권적 '요구'에 주목하여 포착된 권리의무관계인 인권관계에 대한 세밀한 분석이 곧 행해질 것입니다.

22. 정리 : "국민의 모든 자유와 권리"로서 인권

우선 지금까지의 내용들을 간단히 정리해 봅시다. 우리가 인권 또한 권리라는 점을 부정하지 않는다면, 인권에도 권리의 본질적 특성이라고 할 수 있는 '자유'와 '요구'가 함께 내포되어 있다고 해야 할 것입니다. 그러므로 권리로서 인권을 가진다는 것은 인권주체가 한편으로는 자유를 향유한다는 것이며, 다른 한편으로는 인권상대방에게 작위 혹은 부작위를 요구할 수 있는 힘을 부여받았다는 것입니다. 그런데 그러한 힘은 독립된 정치공동체 내의 최고규범인 실정 헌법으로부터 뒷받침되고 있다는 점은 앞서 언급한 바와 같습니다. 바로 이 지점에서 우리는 인권의 본질을 '헌법적 차원의 권리'라고 말할 수 있는 것입니다. 관련하여 헌법은 제2장 "국민의 권리와 의무"라는 표제어 아래에 가장 먼저 제10조에서 "기본적 인권"을 언급한 후, 다양한 생활영역에 상응하는 각종 인권사항들을 규율하면서 특히 제37조 제2항에서 "국민의 모든 자유와 권리"라는 표현을 사용하고 있습니다. 그런데 헌법 제2장 표제어에 등장하는 "권리"가 넓은 의미의 권리로서 헌법 제10조 "기본적 인권"이나 헌법 제37조 "자유와 권리"에 상응하는 개념이라는 점을 고려한다면, 헌법 제37조는 넓은 의미의 권리에 내포된 소극적 측면과 적극적 측면을 각각 "자유"와 요구를 의미하는 좁은 의미로서의 "권리"로 포착하고 있는 것으로 이해할 수 있겠습니다.*

---

* 요컨대 헌법 제37조가 명시하고 있는 "자유"는 넓은 의미의 권리에 내포된 소극적 측면을, "권리"는 넓은 의미의 권리에 내포된 적극적 측면인 요구를 의미하는 좁은 의미의 권리로 이해할 수 있다는 것입니다.

II. 인권관계

국민, 국가, 인권감수성

23. 인권관계

지금부터는 본격적으로 인권을 둘러싸고 발생하는 권리의무관계라고 할 수 있는 인권관계를 검토하면서 인권의 특성과 내용 및 종류 등을 설명합니다. 우선 인권관계의 두 당사자인 인권보유자(인권주체)와 인권상대방(인권의무자)이 누구인지(즉 헌법적 차원의 권리인 인권은 과연 누가 누구에게 주장할 수 있는 권리인가?)를 확인할 것입니다. 그리고 주장되는 인권적 요구의 내용과 방식을 정리하면서 인권적 요구에 상응하여 인권상대방이 이행해야 할 의무의 내용과 종류를 살펴본 후, 인권관계의 목적 내지는 인권을 통해서 얻고자 하는 바가 무엇인지를 고민해볼 것입니다. 여기까지가 본 강의의 1부에 해당하는 내용입니다. 그리고 인권관계에서 발생한 의무불이행으로 인한 인권침해문제를 판단하고 대응하는 방식 및 인권을 관철시키는 과정에서 마주하게 되는 한계상황 내지는 특별히 고민해야 할 사항에 관한 문제는 본 강의의 2부에서 본격적으로 다루게 될 것입니다. 이상의 쟁점들을 차례로 살펴봅시다.

24. 인권보유자(인권주체)로서 국민

헌법적 차원의 권리인 인권은 과연 누구에게 귀속되는 것일까요? 즉 누가 인권보유자(혹은 인권주체)일까요? 헌법 제10조는 "개인이 가지는 불가침의 기본적 인권"이라고 되어 있습니다. 따라서 일단 인권은 원칙적으로 집단이나 군집이 아니라 어떤 공동체를 구성하는 낱낱의 사람, 즉 "개인"이 갖는 것이라고 할 수 있겠습니다. 그런데 헌법 제10조에 등장하는 개인은 원칙적으로 단순한 개인이 아니라 국가와 일정한 관계를 맺고 있는 개인, 특히 국민을 염두에 둔 것입니다. 이러한 점은 "모든 국민은 인간으로서의 존엄과 가치를 가지며, 행복을 추구할 권리를 가진다. 국가는 개인이 가지는 불가침의 기본적 인권을 확인하고 이를 보장할 의무를 진다."라고 규정하고 있는 헌법 제10조 전체를 통해서도 암시되고 있을 뿐만 아니라, 헌법 제10조를 포괄하고 있는 헌법 제2장의 표제어가 "국민의 권리와 의무"라는

점 및 헌법 제10조에서 언급된 인권을 구체화하고 있는 헌법
상의 개별적 인권조항들(특히 헌법 제11조에서부터 헌법 제37조 제
1항)이 해당 인권의 귀속주체로 대부분 "국민"을 명시하거나 전
제하고 있다는 점을 통해서도 뒷받침됩니다.*

25. 인권보유자로서 외국인?

문제는 외국인이 헌법적 차원의 권리인 인권을 보유한 인권주
체인가 하는 점입니다. 관련하여 헌법이 명시하고 있는 "국민"
의 개념을 확장해석해서 국민과 유사한 지위에 있는 외국인에
게도 일정한 범위에서 인권의 주체성을 인정하는 것이 헌법학
계와 헌법재판소 판례의 다수입장입니다. 특히 헌법적 차원의
권리인 기본(적 인)권을 인간으로서의 권리와 국민으로서의
권리로 구분한 후 후자인 국민으로서의 권리에는 참정권, 직장

---

* 다만 헌법이 특정 인권의 귀속주체를 "국민"으로 규정하지 않고 "누구든지"라고 규정
하고 있는 경우(제11조 제1항 제2문, 제12조 제1항 제2문, 제12조 제4항 제1문, 제12조
제5항 제1문, 제12조 제6항), "형사피고인"이라고 규정하고 있는 경우(제27조 제4항),
"형사피해자"라고 규정하고 있는 경우(제27조 제5항), "구금되었던 자"라고 규정하고
있는 경우(제28조), "근로자"라고 규정하고 있는 경우(제33조)도 있습니다. 그런데 이
러한 경우에도 "누구든지"에 국민이 포함된다는 점과 '국민인 형사피의자 또는 국민
인 형사피고인'과 '국민인 근로자' 또한 당연히 각각 해당 인권(형사보상청구권과 근로
3권)의 귀속주체가 된다는 점에 대해서는 의문이 없습니다. 다만 특정 인권의 귀속주
체를 "국민"으로 명시하지 않은 경우에는, 해당 인권의 귀속주체를 국민을 넘어서서 외
국인 등에게까지 확장할 수 있는 가능성이 커진다고 볼 수 있겠습니다.

선택의 자유, 사회권적 기본권, 입국의 자유에 관한 거주·이전의 자유 등등이 해당된다고 하면서 이러한 권리들에 대해서는 외국인이 주체가 될 수 없다고 합니다. 반면에 신체의 자유, 주거의 자유, 변호인의 조력을 받을 권리, 재판청구권, 일반적 행동자유권 중 근로계약의 자유, 근로자가 기본적 생활수단을 확보하고 인간의 존엄성을 보장받기 위하여 최소한의 근로조건을 요구할 수 있는 권리, 행복추구권 등등은 전자인 인간으로서의 권리에 해당한다는 이유에서 이러한 권리들에 대해서는 외국인 또한 인권주체가 될 수 있다고 이해하는 것이 대체적인 입장인 것 같습니다.

하지만 이러한 입장에 대해서는 국가라는 정치공동체에 결부된 우리의 삶에서 인간의 삶과 국민의 삶 혹은 인간으로서의 권리와 국민으로서의 권리를 분별하는 것은 애당초 무리한 시도라거나, '국민이라는 문언에 외국인을 포함시키는 것은 헌법 문언을 넘어선 것으로서 문리해석의 한계를 벗어나는 것 아닌가?' 혹은 '헌법 제6조*의 규정에 따라서 (국내적으로는 헌법 하위의 서열을 갖는) 국제법과 조약에 의해 그 지위가 보장되는 외국

---

* 헌법 제6조 ①헌법에 의하여 체결·공포된 조약과 일반적으로 승인된 국제법규는 국내법과 같은 효력을 가진다. ②외국인은 국제법과 조약이 정하는 바에 의하여 그 지위가 보장된다.

인을 헌법적 차원의 서열인 인권의 보유자(주체)가 된다고 보는 것은 헌법 규범들 상호간 모순을 유발하는 것은 아닌가?' 등과 같은 의문을 제기하면서, 원칙적으로 외국인은 헌법적 차원의 권리로서의 인권을 보유한 인권주체가 아니라고 반박할 수도 있겠습니다.

물론 이러한 의문과 반박이 외국인의 인간다운 삶의 보존과 향상 및 그들의 행복추구를 경시하는 태도에서 비롯된 것으로 단정하는 것은 성급한 태도이거나 오해일 가능성이 많습니다. 오히려 해당 견해(즉 외국인은 헌법적 차원의 권리로서의 인권을 보유한 인권주체가 아니라는 견해)는 외국인의 지위 보장과 관련하여 현실에서의 미흡함이나 부족함을 무리하게 헌법에 기대어서 해결하기보다는 좀 더 적극적으로 관련 법률을 제·개정하거나 관련 국제법이나 조약의 효력을 국내적으로 승인하는 방식을 통해서 해결할 것을 촉구하는 입장으로 이해하는 것이 훨씬 바람직해 보입니다. 왜냐하면 헌법은 외국인의 인간다운 삶을 방해하거나 금지하고 있는 것이 아니라 이를 열어두고 있기 때문입니다.

26. 인권상대방(인권의무자) : 국가

헌법적 차원의 권리의무관계인 인권관계에서 국민이 인권주체라면, 타방 당사자인 인권의무자(혹은 인권상대방)는 누구일까요? 여러분은 자신이 인권관계에서 다른 사람의 인권을 존중하거나 보장할 의무를 부담한다고 생각합니까? 아니면 여러분의 행위로 인해서 다른 사람의 인권이 침해될 수 있다고 생각합니까? 엄밀하게 말하면 공권력주체가 아닌 사사로운 개인은 다른 개인의 인권을 존중하거나 보장할 의무가 없으며, 인권관계에서 개인이 다른 개인의 인권을 침해하는 경우는 인권관계의 본질상 예외적인 경우라고 하겠습니다. 왜냐하면 인권관계에서는 지방자치단체를 포함한 국가나 국가기관 혹은 이들로부터 권력을 위임받아 행사하는 공공단체 등과 같은 공권력주체가 인권의무자이기 때문입니다. 특히 "국가는 개인이 가지는 불가침의 기본적 인권을 확인하고 이를 보장할 의무를 진다."라고 명시하고 있는 헌법 제10조 제2문은 인권관계에서 국가가 의무자임을 뚜렷하게 보여주고 있습니다.

27. 인권상대방(인권의무자)으로서 개인?

설사 사사로운 개인들 상호간의 문제나 행위로 인해서 인권이 침해되거나 혹은 침해되는 것처럼 보이는 경우가 있다고 하더라도, 그러한 사인들 상호간의 관계에 직·간접적으로 개입하는 국가 내지는 공권력주체의 행위에 주목하여 인권을 실현하고자 하는 것이 헌법의 정신이고 인권관계에 내포된 기본적인 문제의식입니다.* 왜냐하면 헌법 제10조 제2문이 명시하고 있는 것처럼, 인권관계에서 의무자는 공권력을 보유하고 있는 국가이기 때문입니다.

예컨대 제가 사람들이 모여 있는 실내에서 담배를 피우고 있다고 생각해봅시다. 이 경우 만약 제 옆에 있는 어떤 사람(甲)이 제게 자신의 인권, 특히 헌법 제35조 제1항 "건강하고 쾌적한 환경에서 생활할 권리"를 주장하면서 담배를 피우지 말 것을 요구한다면, 저는 甲의 인권을 보장할 의무가 있기 때문에 피우고 있던 담배를 꺼야만 하는 것일까요? 아니면 담배 피우는 행위를 통해서 마음의 안정과 행복을 느끼는 제가 甲에게 제 인권, 특히 헌법 제10조 "행복을 추구할 권리"로부터 도출될 수 있는 일반적 행동자유권의 내용으로서 흡연권을 주장할 수 있

---

* 여기서 우리는 인권침해자와 인권의무자를 분별하여 생각해볼 필요가 있습니다. 일반적으로 국가는 인권침해자로 등장합니다만, 오직 국가만이 유일한 인권침해자라고 단언하는 것은 성급한 태도입니다. 인권관계에서 인권을 보유한 권리자(인권주체)인 국민에 대해 의무를 부담하는 존재(즉 인권의무자)는 오직 국가뿐이지만, 인권침해는 국가뿐만 아니라 다른 개인이나 집단 혹은 동물이나 외국, 심지어 지진이나 폭풍우 등과 같은 자연환경으로부터도 유발될 수 있기 때문입니다. 이러한 점에서 국가 아닌 다른 존재에 의한 인권침해가 발생되거나 예상될 경우에 국가는 인권의무자로서 무엇보다도 인권침해자 혹은 인권침해유발원인을 통제하고 관리하는 일을 적극적으로 수행해야만 합니다.

는 것일까요? 이 경우 대립되는 두 당사자인 담배 피우고 싶은 사람과 담배 연기를 맡기 싫은 사람이 서로 합의한다면, 인권의 내용도 자유롭게 처분할 수 있는 것일까요?

여러분은 어떻게 생각합니까? 사사로운 개인으로서 우리는 기껏해야 법률이나 서로간의 계약을 준수하면 그것으로 족한 것이지, 헌법적 차원의 권리의무관계인 인권관계에서 일정한 의무를 부담하는 것이 아닙니다. 물론 매우 이타적이고 예절 바른 사람이라면 법률이나 계약을 넘어서서 다른 사람의 처지를 더 많이 고려하고 이에 따라서 자신의 행위를 절제할 수도 있고 혹은 법이나 계약이 아니라 예절과 도덕에 기대어서 상대방에게 일정한 행위를 부탁할 수도 있겠습니다. 하지만 인권관계는 단순한 예절관계나 도덕관계가 아니라, 정치공동체의 최고 규범인 헌법을 통해서 뒷받침되는 법적 관계로서의 권리의무관계입니다.

이러한 권리의무관계에서 주권자인 우리는 기본적으로 권리자일 뿐, 의무자는 아닙니다. 만약 인권관계가 (인권주체인 국민과 인권상대방인 국가 상호간의 권리의무관계가 아니라) 사인들 상호간 권리의무관계라면, 즉 사사로운 개인인 우리가 한편으로는 인권주체가 되고 다른 한편으로는 인권의무자가 된다면, 인권을 둘러싼 각종 이해관계들은 사적 거래의 대상이 되거나 사적 투쟁으로 귀결될 것입니다. 그리고 그러한 거래 혹은 투쟁의 과정에서 국가의 역할은 실종되고 인권의 이름으로 행해지는 인권의 포기(예컨대 인권주체가 자기운명자기결정권 등과 같은 인권의 이름으로 자신의 권리나 신체를 포기하는 계약을 체결하는 것) 또한 손쉽게 행해질 것입니다. 결국 국가는 인권관계에서 방관자가 되거나 혹은 형식적으로는 관리자라는 탈을 쓰고, 실질적으로는 사적 강자의 이익을 대변하는 존재로서만 의미를 갖게 될 것입니다. 우리가 국가라는 정치공동체를 형성해서 국가에게 한편으로는 공권력을 부여해주면서, 다른 한편으로는 인권관계에서 권리 없이 오직 의무만을 부여한 이유는 바로 만인의 만인에 대한 투쟁이라고 할 수 있는 전쟁과도 같은 사적 투쟁을 합리적인 공적 투쟁으로 변모시킨 후 공권력주체인 국가에게 인권에 대한 최종적 책임을 묻기 위함이라고 할 수 있습니다. 국가는 그 자체가 목적적 존재가 아니라 주권자인 국민의 인권을 보장하기 위한 수단에 지나지 않으며, 바로 이러한 이유에서 공권력을 부여받은 국가가 인권관계에서 의무를 부담해야 한다는 것, 바로 이것은 절대왕정을 타파하고 혁명을 통해 새로운 정치질서를 수립한 근대의 정신이기도 합니다.

사실 공권력을 보유하고 있지 않은 사사로운 개인들은 일반적으로 인권관계에서 인권보장의무를 이행할 수 있는 힘이나 능력을 갖고 있지 않으며, 설사 그러한 힘이 있다고 하더라도 대체로 자신의 삶의 보존과 향상에 급급할 뿐입니다. 이러한 개인들에게 가장 높은 서열의 구속인 헌법적 차원의 의무를 직접 부담하게 하여 주권자를 인권보장의무자로 전락시키는 것은 국가권력을 구속하기 위한 규범인 헌법의 취지에도 부합하지 않습니다. 요컨대 오직 공권력을 보유하고 있는 공권력주체(특히 국가기관)만이 헌법적 차원의 권리의무관계인 인권관계에서 일정한 의무를 부담할 수 있습니다. 이러한 점은 무엇보다도 탄핵소추의 대상이 될 수 있는 공직자*를 장래희망으로 염두에 두고 계신 분들이라면, 특히 유념하셨으면 좋겠습니다. 일반적으로 더 크고 더 강한 공권력을 보유하고 있을수록 인권관계에서는 그 권력에 상응하여 더 크고 더 많은 의무와 임무, 즉 책임이 담보되어 있기 때문입니다. 그리고 주권자인 사사로운 개인들은 엄격히 말한다면, 헌법적 차원의 권리의무관계인 인권관계에서 오직 인권을 보유하고 있는 권리자로 등장할 수 있을 뿐이란 점 또한 잊지 않았으면 좋겠습니다.

---

* 여기에는 대통령·국무총리·국무위원·행정각부의 장·헌법재판소 재판관·법관·중앙선거관리위원회 위원·감사원장·감사위원 등이 해당됩니다. 관련하여 특히 헌법 제65조 제1항("대통령·국무총리·국무위원·행정각부의 장·헌법재판소 재판관·법관·중앙선거관리위원회 위원·감사원장·감사위원 기타 법률이 정한 공무원이 그 직무집행에 있어서 헌법이나 법률을 위배한 때에는 국회는 탄핵의 소추를 의결할 수 있다.") 참조.

따라서 헌법 제10조 행복추구권에 기초해서 흡연권을 주장하는 사람은 국가를 상대로 자유롭게 흡연할 수 있는 여건을 만들어 달라고 요구하는 것이고, 반대로 헌법 제35조 제1항 환경권에 기초해서 혐연권을 주장하는 사람은 국가를 상대로 담배연기를 맡지 않을 수 있도록 해 달라고 요구하는 것입니다. 그리고 이러한 요구가 충돌하는 상황에서도 각각의 인권적 가치들이 현실에서 조화롭게 잘 구현될 수 있도록 적절한 행위를 해야 할 의무가 다름 아닌 공권력을 독점하고 있는 국가에 부과되어 있는바, 인권관계에서 국가의 행위는 인권에 기초해서 통제되고 평가되며 경우에 따라서는 위헌으로 판단되어 행위의 효력이 상실되기도 합니다.

관련하여 특히 입법권을 보유하고 있는 국회는 사인들 상호간의 관계를 규율하는 규범을 인권보장에 입각해서 정립하는 방식으로, 행정권을 보유하고 있는 정부는 정립된 규범을 인권보장에 입각해서 집행하는 방식으로, 사법권을 보유하고 있는 법원은 일정한 분쟁이 생겼을 때 정립된 규범을 인권보장에 입각해서 해석·적용함으로써 해당 분쟁을 종국적으로 해결하는 방식으로 각자 자신에게 부여된 인권보장의무를 이행하게 됩니다. 바로 이것이 앞서 설명한 입법권·행정권·사법권으로 대별되는 모든 국가권력(통치권력)들의 상위에 존재하는 헌법적 차원의 서열로서 인권이 갖는 위상이기도 합니다.

28. 인권주체·인권의무자·인권교육·인권의식

물론 사사로운 개인은 인권관계에서 인권보유자(인권주체)일 뿐, 인권의무자로 취급되어서는 안 된다는 점이 공동체의 구성원으로서 우리가 타인의 자유와 정당한 권리행사를 존중 혹은 배려하지 않아도 된다는 것을 의미하거나 이를 뒷받침하는 것은 아닙니다. 하지만 소중한 덕목인 이러한 존중과 배려는 예절과 윤리·도덕의 내용일 수는 있어도 인권관계에서의 의무라고는 볼 수 없습니다.

최근 우리 사회에서 인권에 대한 관심이 높아지면서 일종의 돈 되는 상품으로서 인권이 주목받고 있는 것은 아닌가 하는 우려가 들 만큼, 이런저런 곳들에서 인권강의가 많아졌습니다. 거의 의무적으로 인권교육을 받거나 해야만 하는 곳도 생겼고 인권강사양성 과정도 다양하게 행해지고 있는 것으로 알고 있습니다.

그런데 저는 인권이 갖고 있는 본질적 속성은 망각한 채, 많은 인권교육이 예절교육 혹은 준법정신을 함양하기 위한 법률교육으로 변질되고 있는 것은 아닌가 하는 의심을 갖고 있습니다. 왜냐하면 구체적이고 다양한 생활영역에서 포착되는 각종 인권관계에서 인권의무자인 국가의 어떤 행위가 구체적으로 잘못되었거나 미흡한지, 그리고 이러한 국가의 잘못된 혹은 미흡한 행위에 대해서 인권보유자로서 어떻게 대결하고 싸워서 승리할 수 있는지 등에 관해서 고민하고 교육하는 것을 잘 보지 못했기 때문입니다.

오히려 인권교육에서 인권의무자인 국가에 주목하지 못하고, 여성인권·장애인인권·아동인권·청소년인권·노인인권·수용자인권·학교인권·노동인권·기업인권 등의 이름을 붙여가며 국가가 아니라 인권주체인 우리 개개인들의 행위를 규율하는 규준으로서 인권이 활용되고 있는 것은 아닌지 한번 점검해볼 일입니다. 무엇보다도 인권교육을 통해서 우리가 혹은 인권교육을 받은 여성·장애인·아동·청소년·노인·수용자·학생·교사·노동자·기업가·고용인·피고용인 등이 국가권력에 저항하는 '인권주체'로 거듭나고 있는지, 아니면 누구보다도 법률질서에 순응하며 이를 앞장서서 준수하는 '준법주체' 혹은 누구에게나 친절하고 예의 바르며 공손한 '예절주체'로 거듭나고 있는지를 한번 확인해볼 일입니다.

사람과 사람들 상호간의 관계맺음의 원리와 그 실천으로서 예절 혹은 윤리·도덕이 중요하지 않다거나 불필요하다는 이야기가 아닙니다. 법률질서를 잘 지키는 준법정신이 소중하지 않다는 것도 아닙니다. 예절·윤리·도덕 혹은 준법이 갖고 있는 가치와 의미를 폄훼할 생각도 전혀 없습니다. 하지만 인권은 (예절·윤리·도덕·준법 등과 공통된 지향점을 함께 겨냥하기도 하고 이를 위해서 많은 경우에 서로 협력하기도 합니다만) 기본적으로 예절이나 윤리·도덕 혹은 준법 등과는 전혀 다른 방식으로 공동체 속에서 영위되는 우리들의 삶과 삶의 조건에 기여합니다. 사람들 상호간 관계맺음으로 인해 발생하는 각종 문제들의 원인을 내면화해서 스스로에 대한 성찰과 수행에 주목하고 있는 예절·윤리·도덕이나 국가권력 특히 입법권력에 대한 복종에 기초하고 있는 준법과는 달리, '인권'은 문제의 원인을 (내면화하는 것이 아니라) 타자인 국가의 권력 활동에서 포착해내는 계기이며 동시에 국가권력에 (복종하는 것이 아니라) 대결하고 저항할 수 있는 기반입니다.

  실제로 인권은 예절이나 윤리·도덕을 통해서 형성된 기존의 가치들에 대해 비판적·적대적이기도 하며, 일정한 경우에는 준법을 통해서 실현하고자 하는 법률의 효력을 상실시킬 수 있는 중요한 근거가 되기도 합니다. 이러한 점은 특히 국회에서 제정한 법률들에 대해서 인권침해를 이유로 위헌 선언을 하고 있는 헌법재판소의 각종 판결들을 통해서도 뚜렷하게 확인됩니다. 결국 인권관계에서 인권보유자(인권주체)인 우리가 가져야 하

'법치'와 '준법' 및 '인권'과 '예절'의 분별

'준법'은 '법치'와 구별해야 합니다. 왜냐하면 '준법'에서 강조되는 법은 우리의 행위를 통제하고 규율하기 위한 수단으로서의 법이라면, '법치'에서 강조되는 법은 우리의 행위가 아니라 국가권력기관의 행위를 규율하기 위한 수단으로서의 법 (즉 권력의 수단으로서의 법이 아니라 권력통제의 수단으로서의 법)이기 때문입니다. 관련하여 국가권력을 통제하기 위한 이념이었던 법치가 준법으로 왜곡됨으로써 거꾸로 국가권력이 법치실현을 내걸고 법치의 이름으로 우리를 지배하고 통제해온 것은 아닌지 한번 되돌아볼 일입니다. 같은 맥락에서 혁명의 피를 뿌리면서 국가권력으로부터 쟁취해낸 전리품과도 같은 인권이 예절이나 윤리·도덕으로 왜곡된다면, 인권을 위해서 함께 피 흘리며 국가권력에 맞섰던 혁명의 주체들은 인권의 이름으로 교란될 것이며 인권존중을 내세우는 국가권력에 의해서 우리의 인권이 더 정교하고 더 효과적으로 분쇄될 우려가 있다는 점을 경계해야 합니다.

곡해된 개념은 개념 그 자체의 상실로 그치지 않고 개념에 의해 포착된 삶의 조건과 관계를 아무런 성찰 없이 뒤흔들어 놓습니다. 따라서 새로운 개념을 가지고 와서 기존 개념에 대항하는 것이 아니라, 양 머리를 걸어놓고 개고기를 파는 것 (양두구육: 羊頭狗肉)과 같은 방식으로 행하는 개념의 왜곡은 개념다툼에서 나타나는 가장 교활하고 악랄한 형태라고 할 수 있습니다. 바로 이러한 점에서 법치와 준법도 인권과 예절도 상호 곡해되지 않도록 엄격하게 분별해서 활용해야 합니다. 그래야 법치도 준법도 인권도 예절도 각각 나름의 영토를 갖고 상호간 긴장을 유지하면서 더 좋은 공동체를 모색할 수 있는 수단과 상징이 될 수 있습니다.

는 인권적 문제의식 또는 **인권의식**이란 것은 우리 스스로가 인권의무자인 국가와 대결하고 있다는 점을 뚜렷하게 자각하고 헌법적 차원의 권리인 인권에 기대어 입법권·행정권·사법권 등과 같은 공권력을 보유하고 있는 국가를 통제하거나 길들이고자 하는 인식 작용 내지는 태도라고 말할 수 있습니다.

29. 국가의 본질

바로 이 지점에서 인권의무자인 국가의 본질을 뚜렷하게 이해할 필요가 있습니다. 왜냐하면 인권을 통해서 통제하고 길들이고자 하는 대상이 바로 국가이기 때문입니다. 여러분, 우리에게 국가란 무엇입니까? 사실 이 질문은 막스 베버Max Weber(1864~1920)가 1919년 뮌헨의 한 학생 단체인 '자유학생연맹'의 초청으로 행한 강연에서 청중들에게 던졌던 질문이기도 합니다. 당시 막스 베버는 모든 국가는 폭력에 그 기초를 두고 있다는 점을 지적하면서 국가를 '한 특정한 영토 내에서 정당한 물리적 폭력의 독점Monopol legitimer physischer Gewaltsamkeit을 성공적으로 관철시킨 유일한 인간 공동체'라고 했습니다.* 현대적

---

* Vgl. M. Weber, *Politik als Beruf* (Oktober 1919), in: GPS, J. Winckelmann(Hrsg.), J.C.B. Mohr, 5. Aufl., 1988, S. 506.

의미에서의 국가가 본격적으로 정립되기 시작하던 100년 전, 막스 베버는 이미 예리한 관찰력으로 국가의 본질이 폭력의 독점에 있다는 것을 뚜렷하게 꿰뚫고 있었던 것입니다. 아주 드문 몇몇 예들을 제외한다면, 실제로 오늘날 국가는 폭력행사의 유일한 합법적 원천입니다. 국가 이외의 다른 모든 조직체나 개인은 기껏해야 오로지 국가가 정하는 범위 내에서만 물리력을 행사할 수 있을 뿐입니다.[*]

사적 강자 특히 자본권력이 아무리 강력하다고 하더라도 공권력을 보유하고 있는 국가권력을 넘어설 수는 없습니다. 재벌 총수라고 하더라도 검찰이 부르면 휠체어를 타고서라도 출두해야만 하는 것이 우리의 현실입니다. 아시다시피 삼성그룹을 실질적으로 지배하고 있는 것으로 알려진 이재용 삼성전자 부회장 또한 입법권력이 만든 법률을 준수하지 않았다는 이유로 행정권력에 의해 구속 수사를 받은 후 사법권력에 의해 징역형을 선고받고 범죄자로 낙인찍히고 있습니다.[**]

---

[*] M. Weber, 앞의 책, 506쪽.

[**] 이재용 삼성전자 부회장은 2017년 8월 25일 뇌물공여, 재산국외도피죄 및 위증죄 등의 혐의로 1심(서울중앙지법 형사합의 27부, 부장판사 김진동)에서 징역 5년을 선고받았고, 2018년 2월 5일 항소심(서울고법 형사13부, 부장판사 정형식)에서 징역 2년 6개월에 집행유예 4년을 선고 받았습니다. 그리고 해당사건은 현재 대법원에서 심리가 계속되고 있습니다.

물론 때로는 사적 폭력에 대해서 국가의 개입이 주저되는 경우가 목격되기도 합니다. 특히 가정 폭력이 문제 된 경우에 그러한 폭력을 가정 내부의 일로 치부하고 방치하는 경우가 그러합니다. 하지만 이러한 사적 폭력의 방치는 압축적 근대화 과정에서 완전히 청산하지 못한 전근대적인 습속 내지는 적폐로서 오늘날 비난의 대상이 될 뿐입니다. 특히 우리보다 먼저 근대화를 이룩한 서구의 질서정연한 국가일수록 설사 그것이 가정 내에서 훈육이라는 이름으로 행해진 것이라고 하더라도 체벌과 같은 폭력에 해당할 경우에는 우리에 비해서 훨씬 단호한 태도를 취하고 있음은 익히 알려진 사실입니다. 아주 사적인 공동체인 가정 내라고 하더라도 국가의 폭력독점권한을 위협해서는 안 되는 것이며, 아무리 사소하다고 하더라도 그것이 사적 폭력에 해당한다면 국가에 의해서 관리되어야 한다는 것은 사실 우리가 본받고자 하는 근대의 정신이기도 합니다. 만인의 만인에 대한 사적 투쟁이 끊임없이 난무하는 전쟁과도 같은 약육강식의 자연 상태에서는 결국 모두가 절멸하고 말 것이라는 점을 뚜렷하게 인식한 근대인들은 최소한의 평화로운 공존이라도 지속적으로 유지하기 위해서, 부득불 공권력에 기초해서 폭력을 독점하고 있는 괴물과도 같은 존재인 국가를 만들었던 것입니다.

30. 인권관계에서의 국가관

국가는 본질적으로 폭력을 독점하고 있는 존재라는 점이 확인 되었다면, 이제 우리는 인권관계에서 인권의무자인 국가를 어 떠한 관점과 태도로 바라볼 것인지를 고민해봅시다. 여러분은 국가 혹은 '대한민국'을 떠올리면 어떠한 느낌이 듭니까? 어디 에 소속되어 있다는 안도감이나 편안함이 느껴집니까? 아니면 뭔가 모를 부정적인 느낌이 엄습해 오면서 국가가 불편하고 성 가신 존재로 여겨집니까? 혹은 내가 나라의 주인이라거나 대 한민국은 나의 것이라는 생각이 앞섭니까? 일제강점기와 해방 을 거치면서 남한(대한민국)과 북한(조선민주주의인민공화국)으로 분단되었습니다만, 사실 우리가 살고 있는 한반도라는 정치공 간은 고려가 후삼국을 통일한 936년부터 조선이 일본에 강제 적으로 병합된 1910년에 이르기까지 거의 1000년 가까운 시간 동안 공통된 언어체계를 사용한 단일국가의 무대였습니다. 바 로 이러한 역사적·문화적 맥락 때문인지는 모르겠습니다만 단 일민족과 단일국가라는 관념이 손쉽게 유포될 정도로 우리들 이 갖고 있는 심성구조의 근저에는 국가를 향한 결속력이나 국 가에 얽매여 있다는 소속감은 강하게 자리 잡고 있는 반면에, 국가의 본질을 통찰할 수 있는 계기나 내가 나라의 주인이라는 주인의식은 서구 사람들에 비해서 상대적으로 부족했던 것은 아닌가 하는 생각이 듭니다.

　서구에서 국가가 본격적으로 조명을 받기 시작한 것은 근대를 열어젖힌 계기라고 할 수 있는 종교전쟁(1618~1648) 이후입니다. 물론 종교전쟁 이전에도 국가가 없었다고 볼 수는 없겠지만, 오늘날처럼 우리의 삶에 강하게 영향을 미치는 그러한 독립된 정치공동체로서의 국가는 아니었습니다. 서구 유럽의 중세는 종교가 지배하던 세상이었습니다. 사후세계에서의 종교적 구원을 목표로 현실을 연명해 가던 당시 사람들의 삶에서 세속적 정치공동체인 국가는 중요한 의미를 갖기가 어려웠습니다. 어느 나라 사람이라는 의식, 즉 국민의식은 그리스도교의 신자라는 공통의식 안에서 성장하기가 어려웠고, 기껏해야 어느 지역 사람인지가 물어졌을 뿐입니다. 모두가 그리스도교의 신자로서 하느님의 나라를 갈구했던 시절, '이탈리아 사람 레오나르도'가 아니라 '빈치 마을에서 출생한 사람 레오나르도'가 자신의 정체성을 더 잘 드러내는 표현이었습니다. 그런데 종교를 이유로 거의 한 세대가 절멸할 정도의 전쟁을 치르면서 비로소 당시 사람들에게 '도대체 종교가 무엇이기에 이렇게 많은 사람들이 죽어가야만 하는가?' 하는 반성이 본격적으로 행해졌고, 전쟁을 통한 피의 대가로 관용이 싹트면서 상위권위체로서 종교가 갖고 있던 힘들이 조금씩 무너져 내렸습니다. 그리고 종교의 권위가 무너져 내린 폐허 속에서 종교를 대신하여 텅 빈 사람들의 마음을 묶어주는 새로운 계기로서 슬금슬금 등장한 낯선 것이 바로 국가Nation였습니다.*

우리는 새롭게 등장한 낯선 것에 비해서 이미 주어져 익숙한 것에 대해서는 이를 당연하게 여길 뿐 호기심을 갖고 그것의 본질을 면밀히 살피거나 통찰하는 기회를 갖는 것에 상대적으로 인색한 편입니다. 모두 그러한 것은 아닙니다만, 남자로 태어난 사람은 대체로 남자에 대한 관심보다는 '여자는 어떤 존재인가?'라고 물으면서 여자에 대한 호기심을 더 많이 보이는 경우가 많습니다. 마찬가지로 오랫동안 하나의 국가 안에서 삶을 쌓아가며 형성해온 역사적·문화적 공감대를 계승하고 있는 한국인들에게 국가는 어쩌면 이미 주어져 있는 것으로서 마치 운명과도 같은 것 또는 우리가 순응하고 받아들여야 할 질서로 오랫동안 인식되어온 반면에, 서구 사람들에게 국가는 종교를 대신해서 새롭게 등장한 낯선 개념이었기 때문에 서구인들은 우리

---

* 이와 관련해서는 특히 S. Toulmin, 『코스모폴리스 ― 근대의 숨은 이야깃거리들』 (Univ. of Chicago Press, 1990), 이종흡 옮김, 경남대학교 출판부, 2008, 318쪽: "베스트팔리아조약에 의해 정립된 유럽 열강들의 체제는 유럽 각국에게 절대 주권을 부여했다는 데 특징이 있다."

에 비해서 국가의 본질을 더 뚜렷하게 살필 수 있는 계기를 마련할 수 있었는지도 모르겠습니다. 그래서 그들은 중세 말 혹은 근대 초기에는 국가를 성경 욥기에 나오는 리바이어던Leviathan 같은 괴물에 비유하기도 했으며,* 혁명을 통해서 헌법제정권력 즉 주권을 확보한 이후에는 국가의 본질은 폭력의 전유專有에 있다는 점을 노골적으로 폭로하면서 국가권력은 주권자인 국민에 의해서 그리고 국민을 위해서 활용되어야 한다는 점을 뚜렷하게 내세울 수 있었던 것은 아닐까요?

같은 맥락에서 국가행사에서 종종 들어볼 수 있는 단어인 '애국'愛國과 '순국'殉國에 대해서도 한번 생각해 봅시다. 여기서 애愛는 '사랑하다'라는 뜻을 갖고 있는 한자이며, 순殉은 '따라 죽다' 혹은 '목숨을 바치다'라는 의미를 갖고 있는 한자입니다. 여러분은 폭력을 전유하고 있는 존재를 사랑하거나 이를 위해서 목숨을 바치는 행위에 대해서 어떻게 생각합니까? 우리가

---

* T. Hobbes, 『리바이어던 1 ─ 교회국가 및 시민국가의 재료와 형태 및 권력』(London, 1651), 진석용 옮김, 나남, 2012, 232~233쪽: "[…] 이리하여 바로 저 위대한 리바이어던(Leviathan)이 탄생한다. 아니, 좀 더 경건하게 말하자면 '영원불멸의 하느님'(immortal God)의 가호 아래, 인간에게 평화와 방위를 보장하는 '지상의 신'(mortal god)이 탄생하는 것이다. 이 지상의 신은 코먼웰스에 살고 있는 모든 개인이 부여한 권한으로, 강대한 권력과 힘을 사용하여 국내의 평화를 유지하고, 단결된 힘으로 외적을 물리치기 위해 사람들을 위협함으로써, 모든 개인의 의지를 하나의 의지로 만들어 낸다."

애국자라고 하면서 순국선열들을 기리는 것도 냉정하게 말하자면 그들이 국가를 사랑하고 국가를 위해 목숨을 바쳤기 때문이 아니라, 자신을 스스로 희생하면서까지 우리 삶의 보존과 향상을 위해 헌신적으로 노력한 것에 대한 고마움 때문입니다. 단지 애국자이고 순국선열이라는 이유 때문에 기려야 한다면, 안중근 의사의 저격에 사망한 침략의 원흉 이토 히로부미도 우리에게 추앙받는 존재가 될 수 있었을 것입니다. 왜냐하면 그 또한 일본 국민으로서 애국하고 순국한 사람으로 평가될 수 있기 때문입니다.

다소 장황하게 말씀드렸습니다만, 이상의 설명들을 통해서 제가 주목하고자 하는 것은 국가를 바라보는 두 관점입니다. 하나는 '국가를 위한 개인'이라는 관점에서 국가를 바라보는 것(목적적 국가관)이고, 다른 하나는 '개인을 위한 국가'라는 관점에서 국가를 바라보는 것(수단적 국가관)입니다. 전자에서는 국가가 목적이고 개인은 수단이 되며 개인이 갖고 있는 인권은 국가권력에 압도되어 그 의미가 퇴색합니다. 반면에 후자에서는 개인이 목적이고 국가는 수단이 되며 개인이 갖고 있는 인권은 국가권력을 지도하고 통제하는 중요한 규준이 됩니다. 인권존중이라는 가치를 소중하게 생각한다면, 인권관계에서 우리가 기본적으로 가져야 할 국가관은 후자인 수단적 국가관이라고 할 수 있습니다.

국가를 인권보장을 위한 수단으로 바라보는 태도는 국가에게 인권보장의무를 부과하고 있는 대한민국헌법 제10조("모든 국민은 인간으로서의 존엄과 가치를 가지며, 행복을 추구할 권리를 가진다. 국가는 개인이 가지는 불가침의 기본적 인권을 확인하고 이를 보장할 의무를 진다.")에도 부합합니다. 뿐만 아니라 인권관계에서 국가는 인권에 상응하는 의무를 부담하고 있는 유일한 인권의무자란 점에서, 인권실천을 추동하는 강력한 계기인 인권감수성 또한 (인권약자들의 처지와 상태를 이해하고 공감할 수 있는 능력보다는) 국가에 내재된 폭력성을 뚜렷하게 인식하고 수단적 국가관에 입각하여 민감하게 반응하는 과정을 통해서 함양될 수 있는 것이라고 하겠습니다. 따라서 주권자로서 인권을 보유하고 있는 우리에게는 국가에 대한 사랑(애국)이 아니라 국가의 주인이라는 자각이 더 중요하며, 국가에 대한 소속감보다는 국가와 대결하여 인간으로서의 존엄함을 지키고 삶의 보존과 향상을 도모하겠다는 인권의식이 더 긴요합니다. 대한민국이라는 정치공동체로 결속하려는 마음은 애국심이나 소속감을 고취함으로써 강요될 수 있는 것이 아니라, 주권의식과 인권의식에 기초하여 국가권력을 조종하고 통제하는 과정에서 자연스럽게 얻을 수 있는 부산물일 따름이고 또 그래야만 합니다.

인권감수성과 인권관계·국가의 본질·국가관

인권문제에 감응하는 성질을 의미하는 인권감수성은 일반적으로 "일상에서 만나는 다양한 자극이나 사건에 대해 매우 작은 요소에서도 인권적인 요소를 발견하고 적용하면서 인권을 고려하는 것"이라고 합니다.[*]

그런데 일상에서 마주하는 다양한 사건들과 관계맺음 속에서 인권적인 요소를 발견하고 적용하기 위해서는 무엇보다도 문제 된 사건이나 관계를 인권관계로 전환하거나 재구성하는 과정이 필요한데, 이를 위해서는 우선 해당 사건에서 인권의 무자인 국가를 소환한 후 해당 사건과 관련하여 구체적으로 평가받아야 할 국가의 행위(작위행위 혹은 부작위행위)를 포착하고 인권보장이라는 목적달성을 위한 수단인 국가를 어떻게 다룰 것인지를 고민해야 합니다.

설사 문제 된 사건이 사인들 상호간의 관계에서 비롯된 것이라고 하더라도 인권관계에서는 오직 국가만이 인권의무자이기 때문에 우리가 주목해야 할 것은 사인들의 행위가 아니라 국가의 행위입니다. 앞서 예로 들었던 흡연권과 혐연권의 충돌문제와 결부해서 설명한다면, 인권으로서 흡연권을 주장하는 사람은 자유로운 흡연행위에 간섭하는 국가의 행위(작위행위)를 문제 삼아야 하며, 반대로 인권으로서 혐연권을 주장하는 사람은 담배 연기를 방치하고 있거나 흡연행위를 규제

---

[*] 국가인권위원회, 『인권의 첫걸음 ― 국가인권위원회 인권강사양성과정 자료집』, 개정판, 2015, 14쪽.

하지 않고 있는 국가의 행위(부작위행위)를 문제 삼는 것이 인권적 관점이란 것입니다.

담배 피우는 사람에 대한 배려 혹은 담배 연기를 흡입하기 싫은 사람에 대한 이해 등을 강조하면서 문제 되는 충돌상황을 해결하기 위한 책임이 인권주체인 자신에게 있다고 인식하는 심리적 태도 등은 예절이나 도덕의 내용일 수는 있어도 인권감수성과는 큰 관계가 없습니다. 왜냐하면 앞서 설명했던 것처럼 인권은 인권보유자인 인권주체에게는 자유를, 그 상대방에게는 요구에 상응하는 의무를 부과하는 권리이기 때문입니다.

관련하여 국가인권위원회의 2002년도 인권상황 실태조사 보고서 「인권감수성 지표 개발 연구」(연구책임자: 문용린)에서 "인권감수성이란 인권문제가 개재되어 있는 상황에서 그 상황을 인권관련 상황으로 지각하고 해석하며, 그 상황에서 가능한 행동이 다른 관련된 사람들에게 어떠한 영향을 미칠지를 알며, 그 상황을 해결하기 위한 책임이 자신에게 있다고 인식하는 심리적 과정이다."[*]라고 설명한 것은 인권과 인권감수성에 대한 오해 혹은 왜곡에서 비롯된 것으로 보입니다. 왜냐하면 인권감수성은 인권관련 상황을 해결하기 위한 책임이 인권주체로서 자유로운 개인인 자신에게 있는 것이 아니라, 인권의무자인 국가에게 있다는 점을 명확하게 인식하는 것에서부터 출발하기 때문입니다. 인권 또한 권리라는 점에서

---

[*] 국가인권위원회, 2002년도 인권상황 실태조사 「인권감수성 지표 개발 연구」(연구책임자: 문용린), 2002, 11쪽; 인권감수성에 관한 이러한 설명은 국가인권위원회 인권교육담당관실에서 기획·발간한 용어집인 『인권교육 기본용어』(대표 집필: 안경환), 아침이슬, 2007, 203~204쪽에서도 여과 없이 반복되고 있습니다.

권리에 대한 감각 없이 인권감수성의 발현을 기대하는 것은 난망한 일입니다.

한편 국가는 본질적으로 폭력에 기반을 둔 존재라는 점을 뚜렷하게 인식하는 것도 인권의무자인 국가의 행위를 더 민감하게 받아들이는 데 기여함으로써 인권감수성을 높이는 데 큰 도움이 됩니다. 왜냐하면 자유와 행복을 추구하는 우리는 우리에게 우호적이며 비폭력적인 것에 비해서 부정적이고 폭력적으로 다가오는 것에 대해 대체로 더 심각하고 더 예민하게 반응하는 경향이 강하기 때문입니다.

나아가 정치공동체에서 폭력은 국가만이 전유하고 있다는 점을 부각하면 부각할수록, 인권훼손을 초래할 수 있는 폭력보유자로서 국가가 갖는 위험성은 물론이고 인권훼손을 막아낼 수 있는 폭력보유자로서 국가가 갖는 중요성 또한 함께 강조할 수 있습니다. 국가의 폭력독점은 인권침해자인 국가가 동시에 인권보장자가 되어야 한다는 점을 일깨워 주기 때문입니다. 인권관계에서 인권의무자인 국가가 갖는 이러한 이중적·복합적 지위(인권침해자면서 동시에 인권보장자인 국가)에 대한 통찰은 인권문제를 대할 때에 더욱 신중한 태도를 형성하는 계기로서 인권감수성에 영향을 미치게 됩니다. 예컨대 흡연행위를 방치함으로써 혐연권을 주장하는 사람의 인권을 훼손하는 국가행위도, 다른 한편으로는 흡연권을 주장하는 사람의 인권을 고려한 국가의 행위일 수도 있다는 점을 각성케 한다는 것입니다. 이러한 맥락에서 국가에 내재한 폭력성과 이에 대한 저항 및 조종 그리고 인권보장의무자로서의 국가를 망각한 채 이루어지는 각종 인권감수성 함양교육은 인권 없는 인권교육이라고 해도 지나치지 않을 것입니다.

그리고 국가관 또한 인권감수성 형성과 함양에 큰 영향을 미칩니다. 국가를 자기 목적적 존재 내지는 '국가를 위한 개인'이라는 관점에서 바라보게 되면 개인은 물론이고 개인이 보유하고 있는 인권 또한 중요하게 다루어지지 않게 되는바, 인권감수성이 형성되고 함양될 수 있는 계기가 취약해질 가능성이 큽니다. 같은 맥락에서 국가에 대한 소속감 및 국가를 향한 결속력이 강하게 격발되면 격발될수록, 인권의식을 추동하는 강력한 계기인 인권감수성이 형성되는 데 장애가 될 가능성이 많을 것입니다.

요컨대 인권관계에서는 오직 국가만이 인권의무자라는 점, 국가의 행위는 기본적으로 폭력에 기초하고 있다는 점, 그리고 국가는 국민의 인권을 보장하기 위한 수단이란 점을 뚜렷하게 자각하는 것은 인권감수성을 형성하고 이를 높이는 데 매우 중요한 계기라고 하겠습니다. 왜냐하면 우리의 생활영역에서 노골적으로 행해지는 것은 물론이고 갈수록 정교하게 은폐되고 있는 국가의 폭력성을 포착하여 이를 폭로하고, 나아가 그러한 폭력에 저항하며 이를 길들이는 데 기여할 수 있는 심성구조의 밑바탕에 놓여 있는 심리적 태도, 바로 그것이 인권감수성이기 때문입니다.

31. 인권관계의 내용으로서 권리 : 생활영역에 따른 분류

지금까지 인권관계에서의 두 당사자, 즉 인권보유자(인권주체)와 인권상대방(인권의무자)에 대해서 살펴보았습니다. 이제는 본격적으로 인권관계의 내용을 정리할 차례입니다. 인권관계의 내용은 인권보유자의 입장에서는 권리로, 인권상대방의 입장에서는 의무로 나타납니다.

인권관계의 내용인 권리와 관련하여, 특히 헌법은 포괄적 인권이라고 할 수 있는 행복을 추구할 권리(제10조)를 명시한 후이를 구체화하고 있는 개별적 인권 관련 사항들을 언급하고 있습니다. 예컨대 평등(제11조), 신체의 자유(제12조), 거주·이전의 자유(제14조), 직업선택의 자유(제15조), 주거의 자유(제16조), 사생활의 비밀과 자유(제17조), 통신의 비밀(제18조), 양심의 자유(제19조), 종교의 자유(제20조), 언론·출판의 자유와 집회·결사의 자유(제21조), 학문과 예술의 자유 및 저작자·발명가·과학기술자와 예술가의 권리(제22조), 재산권(제23조), 선거권(제24조), 공무담임권(제25조), 청원할 권리(제26조), 재판을 받을 권리 및 형사피해자의 재판절차진술권(제27조), 국가보상청구권(제28조), 국가배상청구권(제29조), 범죄피해자의 국가구조청구권(제30조), 교육을 받을 권리(제31조), 근로의 권리(제32조), 단결권·단체교섭권 및 단체행동권(제33조), 인간다운 생활을 할 권리

(제34조), 건강하고 쾌적한 환경에서 생활할 권리 및 환경권(제
35조) 등등이 바로 그것입니다.

　뿐만 아니라 헌법은 "국민의 자유와 권리는 헌법에 열거되지
아니한 이유로 경시되지 아니한다."(제37조 제1항)라는 규정을
마련해 둠으로써 헌법에서 명시적으로 언급하지 않은 인권들
또한 존중받을 수 있도록 하고 있습니다. 이러한 헌법의 태도
는 기본적으로 인권보유자의 활동 내지는 생활영역에 주목해
서 인권을 포착한 것으로서, 무엇보다도 인권보유자의 구체적
인 삶에서 인권의 발견을 용이하게 만드는 장점이 있습니다. 하
지만 특정 인권을 발견하는 것을 넘어서서 인권의무자인 국가
의 행위를 평가하고 통제하기 위해서는 발견된 인권에 기초해
서 국가에 요구할 수 있는 구체적 행위가 무엇인지에 대해서 주
목할 필요가 있습니다.

32. 인권관계의 내용으로서 권리 : 요구행위에 따른 분류

앞서서 어떤 무엇에 대한 권리에는 권리상대방에게 부작위행
위를 요구하여 부작위의무를 부담시키는 '금지'와 작위행위를
요구하여 작위의무를 부담하게 하는 '명령'이 함께 내포되어
있다고 했습니다. 그런데 인권 또한 권리입니다. 따라서 인권보
유자인 국민이 인권의무자인 국가에 대해서 가지는 헌법적 차

원의 권리인 인권 또한 국가에게 부작위행위를 요구하는 권리
와 작위행위를 요구하는 권리로 분류할 수 있겠습니다. 전자를
'방어권적 인권'이라고 하고 후자를 '급부권적 인권'이라고 합
니다.

전자(방어권적 인권: 방어권)는 우리 삶에 간섭하거나 개입하는
국가에게 '저리 가!', '손 치워!' 혹은 '내버려 둬!' 등과 같이 요
구하면서 간섭을 배제할 수 있는 권리 내지는 국가의 적극적 개
입(작위행위)으로부터 나의 삶을 방어하기 위한 권리로서의 인
권입니다. 반면에 후자(급부권적 인권: 급부권)는 국가가 국민의
삶에 무관심하거나 방관하고 있을 경우에 국가에게 '도와줘!',
'개입해!' 등과 같이 요구하면서 어떤 적극적인 조치를 취할 것
을 요구하는 권리로서의 인권입니다. 특히 후자인 급부권적 인
권과 관련해서 국가에게 요구하는 적극적 행위가 '빵을 달라',
'의료서비스를 제공해 달라', 혹은 '집을 달라' 등과 같이 개인이
재정적 여력이 충분하다면 시장에서 사인으로부터도 구할 수
있는 것을 대상으로 할 경우에 이를 '사실적 급부권' 혹은 '사회
권'으로,* 일정한 제도나 조직 혹은 규범을 만들어 달라는 것을
대상으로 할 경우에 이를 '규범적 급부권'으로 부르면서 양자를

---

* 이준일, 「사회적 기본권」, 『헌법학연구』 10-1, 한국헌법학회, 2004, 456쪽 참조.

분별하기도 합니다.

구체적 예를 한번 들어보겠습니다. 만약 국가가 우리가 살고 있는 마을이나 집 근처에 방사능폐기물을 매설하려고 한다면, 이 경우 우리는 헌법 제35조가 명시하고 있는 환경권을 방어권적 인권(예컨대 환경침해배제청구권)으로 활용해서 국가에게 마을이나 집 근처에 방사능폐기물을 매설하는 행위를 하지 말거나 혹은 중단할 것(즉 부작위행위)을 요구할 수 있을 것입니다. 바로 환경문제에서 인권이 국가에 대해 부작위를 요구하는 권리로 활용된 것이고, 이 경우 방사능폐기물을 매설하려는 국가의 작위행위가 인권적 관점에서 평가되거나 통제되어야 할 대상이 됩니다. 반대로 만약 우리가 방사능폐기물이 많은 곳에서 살고 있다면, 우리는 헌법 제35조가 명시하고 있는 환경권을 급부권적 인권(예컨대 환경조성청구권)으로 활용해서 국가에게 방사능폐기물을 치워 달라고 하거나 다른 곳에서 살 수 있도록 일정한 지원을 해 달라고 요구할 수 있을 것입니다. 바로 환경문제에서 인권이 국가에 대해 작위를 요구하는 권리로 활용된 것이고, 이 경우 방사능폐기물을 제거하지 않거나 혹은 깨끗한 환경에서 살 수 있도록 필요한 지원을 하지 않는 국가의 부작위행위가 인권적 관점에서 평가되거나 통제되어야 할 대상이 됩니다. 한편 이 경우 방사능폐기물로부터 벗어날 수 있는 이사비용이나 새

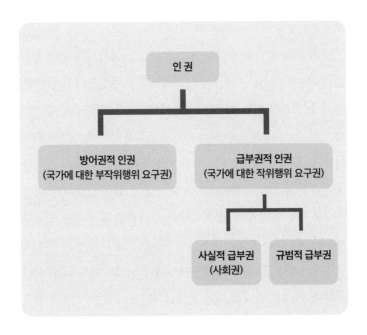

집을 구해 달라는 요구를 한다면 이는 환경권이 급부권적 인권 중에서 특히 사실적 급부권(사회권)으로 활용된 것이며, 방사능 폐기물을 버리는 자를 처벌하는 법률이나 방사능폐기물을 버리는 행위를 감시하는 기관을 만들어 달라고 요구하는 것이라면 이는 환경권이 급부권적 인권 중에서 특히 규범적 급부권으로 활용된 것이라고 할 수 있겠습니다.

이처럼 일정한 생활영역에서 발견된 구체적인 인권을 '국가에 대해 부작위행위를 요구하는 방어권적 인권이냐?' 혹은 '국가에 대해 작위행위를 요구하는 급부권적 인권이냐?', 아니면 급부권적 인권 중에서 요구되는 작위행위의 내용이 사실적인 것인지 혹은 규범적인 것인지에 주목해서 '사실적 급부권(사회권)이냐?' 혹은 '규범적 급부권이냐?'로 되물어 살피는 것은 인권적 요구에 상응하는 인권의무자의 구체적 행위에 주목하는 것으로서 인권적 관점에서 통제되고 평가되어야 할 구체적 행위와 그 대상을 뚜렷하게 드러낸다는 장점이 있습니다.

33. 인권관계의 내용으로서 의무

구체적 인권관계에서 인권의무자인 국가는 인권적 요구에 상응하는 일정한 의무를 부담합니다. 앞서 말씀드린 것처럼 일정한 생활영역에서 포착된 인권적 사항이 방어권으로 주장될 때는 해당 사항과 관련해서 국가는 부작위행위의무를 부담하며, 특정한 인권적 사항이 급부권으로 주장될 때는 해당 사항과 관련해서 국가는 작위행위의무를 부담합니다. 하지만 인권관계에서 국가의무를 행위형태에 주목해서 작위행위의무와 부작위행위의무로 분별하는 것을 넘어서서, 작위행위 혹은 부작위행위의 대상이 되는 행위내용을 일률적으로 포착하여 일반화하는 것은 거의 불가능하거나 아주 어렵습니다. 왜냐하면 인권관계에서 국가의무의 내용은 개별적 인권관계를 둘러싸고 있는 구체적 생활영역에서 발견된 인권적 사항이 무엇이냐에 따라서 매우 다양하기 때문입니다. 생활영역을 중심으로 각종 기본적 인권의 목록을 마련해두고 있는 헌법이 각각의 인권들을 추상적·포괄적·개방적으로 규율하고 있음에도 불구하고, 별도로 "헌법에 열거되지 아니한" 자유와 권리를 명시적으로 주목하고 있는 것(헌법 제37조 제1항)은 이러한 어려움을 뚜렷하게 보여주는 것이라고 하겠습니다. 다만 헌법은 모든 인권관계에서 국가가 준수해야 할 일반적 의무와 관련하여 확인의무·보장의무·보호의무를 언급하고 있습니다. 여기에서는 이들을 간단히 살펴봅시다.

34. 인권관계에서 국가의 의무 : 확인의무·보장의무·보호의무[*]

헌법 제10조 제2문은 "국가는 개인이 가지는 불가침의 기본적 인권을 확인하고 이를 보장할 의무를 진다."라고 규정함으로써 인권관계에서 국가에게 확인의무와 보장의무를 명시적으로 부과하고 있습니다. 여기서 "확인"은 '틀림없이 그러한가를 알

---

[*] 이에 관한 더 상세하고 치밀한 설명은 김해원, 「기본권관계에서 국가의 의무: 확인의무·보장의무·보호의무를 중심으로」, 『공법학연구』 12-4, 한국비교공법학회, 2011, 85~112쪽 참조.

아보거나 인정함'이란 뜻입니다.* 따라서 기본적 인권을 확인
할 의무를 지는 국가는 무엇이 기본적 인권인지를 알아보고 구
체적인 현실에서 이를 찾아내는 일(발견 및 발굴하는 일)을 게을
리 해서는 안 됩니다. 만약 구체적인 인권관계에서 특정 개인이
자신의 인권을 주장하지 않거나 혹은 해당 사안과 무관한 인권
을 주장하고 있다고 하더라도 국가는 이를 방치하거나 혹은 잘
못된 주장이라고 하면서 해당 주장을 배척할 것이 아니라, 해당
인권관계를 적극적으로 탐지해서 누구의 어떤 인권이 문제 되
고 있는지 여부를 알아보고 이를 인권보유자인 개인에게 구체
적으로 안내하여 인권보유자가 자신의 인권을 간과하지 않도
록 애써야 합니다. 뿐만 아니라 인권관계에서 특정 국가행위가
인권을 침해한 것인지 여부가 다투어질 경우에 인권보유자가
아니라, 국가가 문제된 자신의 행위가 인권침해인지 여부를 적
극적으로 입증해야 할 의무를 부담하는 것 또한 확인의무의 내
용이 됩니다. 왜냐하면 인권관계에서 국가가 확인해야 할 대상
은 (단순한 기본적 인권 그 자체에 그치는 것이 아니라) "불가침의 기
본적 인권"이란 점에서, 인권침해여부에 대한 확인 또한 국가

---

* 국립국어원 표준국어대사전(검색어: 확인, 검색일: 2018.04.22) 참조.

의 의무이기 때문입니다.*

　그리고 "보장"은 '어떤 일이 어려움 없이 이루어지도록 조건을 마련하여' 돌본다는 의미라는 점에서,** 헌법 제10조 제2문에 규정된 "기본적 인권"을 "보장할 의무"라고 함은 기본적 인권이 현실에서 큰 어려움 없이 인정목적에 맞게 구현되도록 할 국가의무라고 이해할 수 있겠습니다.*** 그런데 헌법은 인권보장규범이면서 동시에 인권제한규범이란 점을 고려한다면,**** 헌법제정권자가 헌법을 통해서 기본적 인권을 인정하는 목적은 현실에서 인권적 가치의 절대적·무제한적 관철이 아니라 구체적인 인권관계에서 인권을 가능한 한 최대한 실현하기 위함일 것입니다. 따라서 국가는 현실에서 기본적 인권이 아무런 제

---

* 바로 이러한 점에서 기본적 인권의 침해여부를 다투는 소송(특히 헌법소원심판)을 완전한 당사자주의로 전환한다면, 이러한 전환은 헌법 제10조 제2문에 근거하는 확인의무에 위반하여 위헌이라고 해야 할 것입니다. 실제로 헌법재판소 또한 "청구인의 주장에만 얽매이어 판단을 한정할 것이 아니라 가능한 한 모든 범위에서 헌법상의 기본권침해의 유무를 직권으로 심사"해야 한다는 점을 밝히고 있습니다(헌재 1989.09.04. 88헌마22, 판례집 1, 188쪽; 그 밖에도 헌재 1993.05.13. 91헌마190, 판례집 15-1, 320쪽).

** 국립국어원 표준국어대사전(검색어: 보장, 검색일: 2018.04.22) 참조.

*** 허완중, 「기본권보호의무에서 과소보호금지원칙과 과잉금지원칙의 관계」, 『공법연구』 37-1(2), 한국공법학회, 2008, 203쪽 참조.

**** 특히 헌법은 제37조 제2항 전단에서 "국민의 모든 자유와 권리는 국가안전보장·질서유지 또는 공공복리를 위하여 필요한 경우에 한하여 법률로써 제한할 수 있으며, […]"라고 명시하고 있습니다.

한 없이 무제한적으로 관철되도록 해야 할 의무까지 부담하는 것은 아니겠지만, 적어도 구체적 현실에서 기본적 인권이 가능한 한 최대한 실현될 수 있도록 급부권적 인권과 관련해서는 작위행위를, 방어권적 인권과 관련해서는 부작위행위를 해야만 합니다.

한편 헌법은 제2조 제2항에서 "국가는 법률이 정하는 바에 의하여 재외국민을 보호할 의무를 진다."라고 규정하여 '재외국민'에 대한 국가의 '보호의무'를 명시하고 있습니다. 그런데 재외국민 또한 기본적 인권을 보유하고 있는 국민이란 점에서 이 조항을 인권관계에서 이해한다면, 국가는 재외국민의 기본적 인권을 보호할 의무를 진다는 점을 부정할 수는 없을 것입니다. 그리고 이 조항을 헌법 제11조 "평등"과 결부해서 해석한다면, 비록 헌법이 명시하고 있지는 않지만 재외국민이 아닌 국민(국내거주국민)에 대한 국가의 보호의무 또한 당연히 긍정된다고 해야 합니다. 왜냐하면 국가권력이 잘 미치지 않는 외국에 거주하고 있는 국민도 국가가 보호해야 할 의무가 있는데, 하물며 국가권력이 더 잘 작동하는 국내에 거주하고 있는 국민을 국가가 보호할 의무가 없다고 이해하는 것은, 재외국민과 국내거주국민을 정당한 이유 없이 차별하는 것이므로 헌법상 평등에 부합하지 않기 때문입니다. 따라서 헌법은 제10조 제2문을 통해서 국가의 '확인의무'와 '보장의무'를 규정한 것과는 별도로, 제2조 제2항을 통해서 인권관계에서의 국가의 '보호의무'에 관한 명시적 근거 또한 마련해둔 것으로 생각됩니다.

그런데 '보장'과 '보호' 모두 '무엇을 돌봄'이라는 의미를 갖고 있지만, 그 말맛(뉘앙스)에 일의 달성 내지는 실현이 내포되어 있어서 '어떤 일이 어려움 없이 이루어지도록' 돌본다는 의미를 갖는 보장과는 달리, '보호'는 '위험이나 곤란 따위가 미치지 아니하도록' 혹은 '잘 지켜 원래대로 보존(간수)'되도록 돌본다는 의미를 갖고 있다는 점을 고려한다면,* 돌봄의 정도 내지는 수준과 관련하여 보장과 보호 상호간 일정한 차이를 인정할 수 있을 것입니다. 즉 인권관계에서 (인권적 가치의 절대적·무제한적 관철은 규범적으로도 현실적으로도 불가능하다는 전제에서 출발하여, 국가에게 구체적인 경우에 인권이 상대적으로 가능한 한 최대한 실현될 수 있도록 작위행위 또는 부작위행위 할 것을 요구하는) '보장의무'는 국가행위의 상한에 관련되는 것이라면, '보호의무'는 "법률이 정하는 바에 의하여" 인권적 가치의 훼손은 원칙적으로 가능하다는 혹은 불가피할 수밖에 없다는 전제에서 출발하지만, 그럼에도 불구하고 이 경우 국가에게 해당 인권적 가치의 최소치

---

* 국립국어원 표준국어대사전(검색어: 보호, 검색일: 2018.04.22) 참조.

Minimum만큼은 절대적으로 구현되도록 작위행위 또는 부작위 행위를 할 것을 요구하는 것으로서 인권관계에서 국가행위의 하한과 관련된 의무라는 것입니다.

예컨대 개인이 인간다운 생활을 누리기 위해서는 최소한 한 달에 100만 원 상당의 최저생계비는 있어야 한다고 가정해 봅시다. 이 경우 개인이 한 달에 100만 원 상당의 최저생계비를 얻을 수 있도록 국가가 일정한 조치를 취하는 것은 "인간다운 생활을 할 권리"(헌법 제34조 제1항)의 최소치에 해당하는 것이므로 이러한 조치를 취하지 않은 국가의 행위는 기본적 인권(특히 인간다운 생활을 할 권리)을 **보호할 의무**에 위반되는 것입니다. 하지만 개인이 한 달에 100만 원 상당의 최저생계비를 확보할 수 있도록 국가가 일정한 조치를 취했다고 해서, 인권관계에서 국가는 자신의 의무를 온전하게 이행했다고 하는 것은 아주 성급한 판단입니다. 왜냐하면 국가는 인간다운 생활을 할 권리가 최소한도로 관철되는 것을 넘어서서 구체적 현실에서 가능한 한 최대한 실현될 수 있도록 해야 할 의무, 즉 '보장할 의무' 또한 이행해야 하기 때문입니다. 이러한 보장의무와 관련해서 국가는 특히 개인의 기본적 인권과 충돌하는 다른 중요한 가치들(예컨대 국가안전보장이나 질서유지 혹은 공공복리 등과 같은 공익적 가치나 타인의 기본적 인권 등)을 고려하여, 이러한 가치들이 구체적 현실에서 기본적 인권과 조화롭게 구현될 수 있도록 그때그때마다 적절한 조치를 취해야 할 터인데, 바로 그러한 과정에서 국가의 보장의무를 통해서 도달되어야 하는 구체적인 수준이 결정될 것입니다. 그리고 그러한 수준에 미달된 국가행위는 (설사 그것이 해당 인권적 가치의 최소치를 상회하여 '보호의무'를 위반한 것은 아니라고 하더라도) 기본적 인권을 **'보장할 의무'**에는 위반된 것이라고 해야 할 것입니다. 뿐만 아니라 국가는 구체적이고 개별적인 현실에서 인간다운 생활을 누리기 위해서 필요한 생계비가 어느 정도인지 알아내는 것은 물론이고 이러한 생계비를 구체적 인권관계에서 개인이 확보하고 있는지 여부 또한 탐지해야 하며, 나아가 인간다운 생활을 할 권리를 구현하기 위해서 행하고 있는 자신의 구체적 행위가 헌법이 명시하고 있는 "보호할 의무"와 "보장할 의무" 모두를 준수하고 있는지 여부를 면밀하게 살펴서 이러한 의무의 준수여부를 둘러싼 다툼이 발생할 경우 국가 스스로가 이를 적극적으로 입증해야만 합니다. 왜냐하면 이러한 업무를 해태하거나 게을리 하는 것은 불가침의 기본적 인권을 **'확인할 의무'**에 위반되는 것이기 때문입니다.

Ⅲ. 인권의 목적

인간존엄을 위한 수단으로서의 인권

35. 인권의 목적(1) : 수단적 가치로서 인권

지금까지 우리는 인권의 개념과 본질은 물론이고 인권관계에 대해서도 살펴보면서 인권에 관한 기본적 사항들을 정리했습니다. 그런데 우리가 지금 공부하고 있는 이러한 인권은 다른 무엇을 얻기 위한 수단적 가치이겠습니까? 아니면 인권 그 자체가 목적적 가치이겠습니까? 여러분은 어떻게 생각하는지요? 사실 '수단'과 '목적'은 상대적인 개념입니다. 지금 이 강의에 참여하는 여러분에게는 나름의 목적이 있을 것입니다. 이수해야 하는 인권교육시간을 충족시키기 위한 수단으로 이 강의를 신청하신 분도 있을 것이며, 지금 담당하고 있는 업무의 원활한 수행을 위해서 이 강의를 듣거나 혹은 순수하게 인권에 관한 지식을 넓히기 위해서 이 강의를 듣는 분도 있을 것입니다. 이렇게 본다면 이 강의에 참여하는 것은 나름의 일정한 목적을 달성하기 위한 수단이 됩니다. 하지만 여러분들이 이 강의 장소까지 오기 위해서 버스나 택시를 타거나 자신의 승용차를 운전했다면, 이러한 이동행위는 아마도 이 강의에 참여하려는 목적을 달성하기 위한 수단이었을 것입니다.

이러한 관점에서 본다면 인권 또한 어떤 경우에는 목적적 가치가 될 수도 있을 것이며, 또 다른 경우에는 다른 무엇을 위한 수단적 가치가 될 수도 있을 것입니다. 특히 인권의무자인 국가 입장에서 인권은 대체로 자신이 보유하고 있는 공권력을 활용해서 달성해야 할 과업의 내용 내지는 목적적 가치로 평가될 가능성이 많을 것입니다. 왜냐하면 인권은 주권자인 국민 개인이 갖고 있는 헌법적 차원의 권리이기 때문입니다. 하지만 인권보유자인 우리의 입장에서 인권 그 자체를 목적적 가치라고 단언하는 것은 성급한 태도라고 생각합니다. 오히려 인권 또한 '요구'를 핵심요소로 삼고 있는 권리라는 점에서, 인권은 인권상대방인 국가로부터 얻어내고자 하는 어떤 무엇을 목적으로 삼는 하나의 수단적 가치로 이해하는 것이 더 합리적일 것입니다. 그렇다면 인권을 활용해서 궁극적으로 달성하고자 하는 바가 무엇이겠습니까?

36. 인권의 목적(2) : 인간존엄을 위한 수단으로서 인권

만약 길을 걸어가고 있는데 낯선 어떤 사람이 나타나서 여러분을 갑자기 와락 끌어안고 입을 맞추었다면, 여러분은 기분이 좋겠습니까 아니면 불쾌하겠습니까? 불쾌하다면, 그 이유는 무엇입니까? 왜 불쾌합니까? 낯선 사람이어서 불쾌합니까? 그렇다면 잘 아는 사람이 그런 행위를 했으면 불쾌감이 없겠습니까? 갑작스럽게 닥친 일이어서 불쾌합니까? 그렇다면 오던 비가 갑작스럽게 그친다거나 혹은 갑작스럽게 복권에 당첨되어도 불쾌한 느낌이 듭니까? 아니면 와락 끌어안고 입맞춤하는 행위여서 불쾌합니까? 그렇다면 사랑하는 사람이 그러한 행위를 하거나 여러분의 아기가 그러한 행위를 해도 불쾌합니까? 혹 미리 동의를 구하지 않은 행동이어서 불쾌하다고 생각합니까? 그렇다면 누가 동의를 구하지 않고 여러분에게 친절을 베풀거나 혹은 도움을 주는 경우에도 마찬가지로 불쾌합니까?

사실 이런 경우에 우리가 불쾌하고 화가 난다면, 그 이유는 무엇보다도 끌어안고 입맞춤을 한 사람의 욕망 충족을 위해서 내가 수단화 내지는 도구화되었기 때문일 것입니다. 서로가 좋아서 볼 때마다 갑자기 끌어안고 입맞춤하는 관계라면, 혹은 여러분이 좋아서 갑자기 끌어안고 입맞춤을 한다면, 그러한 포옹과 입맞춤은 서로가 혹은 여러분이 자신의 욕망을 달성하기 위한 수단이기 때문에 불쾌하기는커녕 오히려 유쾌할 수 있을 것입니다. 요컨대 우리가 불쾌한 것은 대체로 자기 자신이 목적적 가치로 대접받지 못하고 다른 무엇을 위한 수단으로 전락하여 스스로의 존엄함이 훼손된 경우입니다.

'존엄한 인간' 혹은 '인간으로서의 존엄' 등과 같은 말을 들어 보셨을 것입니다. 이 말은 인간은 다른 무엇을 위한 수단이 되어서는 안 되고, 인간 그 자체로서 목적적 존재로 대우받아야 한다는 의미입니다.[*] 제가 여기서 여러분들에게 갑작스러운 질문과 함께 이런 말씀을 드리는 이유는 우리가 인권을 활용해서 달성하려는 목표 내지는 국가에게 인권을 주장해서 얻어내고자 하는 궁극적인 목적은 인권보유자인 우리가 국가와의 관계에서 다른 무엇을 위한 수단으로 전락하지 않고 그 자체로서 목적적 존재로 대우받기 위함, 즉 인간으로서의 존엄과 가치를 향유하기 위함입니다.

---

[*] 인간의 수단화 금지로서 인간의 존엄에 관해서는 특히 I. Kant, *Die Metaphysik der Sitten* (1797), in: W. Weischedel(Hrsg.), Werkausgabe, Bd. 8, 9. Aufl., 1991, S. A 140: "인간은 스스로 존엄하다. 왜냐하면, 인간은 단지 수단으로서 사용되어서는 안 되고, 목적으로서 취급되어야 하기 때문이다."; G. Dürig, *Der Grundrechtssatz von der Menschenwürde*, in: AöR 81, S. 127: "구체적 인간이 객체로서, 즉 단지 수단으로 인정될 정도로 경시될 때, 인간의 존엄은 침해된다."

실제로 본능과 이성은 물론이고 생로병사과정에서 희로애락 같은 다양하고 복잡 미묘한 감정들을 함께 갖고 있는 총체적 존재인 우리들은 질병이나 사고 등으로 인해서 자신이 치유불가능한 극심한 고통을 받아내는 수단 내지는 도구로 전락한 경우에 때로는 총체적 존재로서의 자신의 존엄을 지키기 위해 기본적 인권으로서 생명권을 주장하면서 국가에게 '존엄사' 혹은 '안락사' 등과 같은 이름으로 생명단축행위를 요구하기도 하며,* 도저히 받아들일 수 없는 이념이나 체제의 노예로 살기보다는 생명을 걸고 저항하며 자신의 존엄함을 지켜내려고도 하는 존재입니다.

뿐만 아니라 최고 규범인 헌법 또한 인권은 인간존엄을 구현하기 위한 수단이란 점을 뚜렷하게 뒷받침하고 있습니다. 왜냐하면 헌법은 모든 국민은 "인간으로서의 존엄과 가치"를 가

---

* 존엄사와 관련해서는 특히 최근에 시행된 「호스피스·완화의료 및 임종과정에 있는 환자의 연명의료결정에 관한 법률」을 주목해볼 수 있겠습니다. "호스피스·완화의료와 임종과정에 있는 환자의 연명의료와 연명의료중단등결정 및 그 이행에 필요한 사항을 규정함으로써 환자의 최선의 이익을 보장하고 자기결정을 존중하여 인간으로서의 존엄과 가치를 보호하는 것"을 목적으로 하고 있는 이 법률(제1조)은 일정한 경우에 임종과정에 있는 환자에 대한 연명의료를 시행하지 아니하거나 중단하기로 하는 결정을 할 수 있는 가능성을 제공하고 있는바(특히 제15조 및 제19조), 양보할 수 없는 인권의 핵심내용이라고 할 수 있는 생명마저도 인간으로서의 존엄과 가치를 위해서라면 일정한 경우에는 상대화할 수 있다는 점을 뚜렷하게 보여주고 있습니다.

진다는 전제 하에 다른 모든 인권적 가치들을 포괄하는 권리(포
괄적 기본권)인 "행복을 추구할 권리"를 언급한 후, 국가에게 "불
가침의 기본적 인권을 확인하고 이를 보장할 의무"를 명시적으
로 부과하고 있기 때문입니다(제10조).

Ⅳ. 소결

인권이란?

37. 정리

이 강의를 시작하면서 '1부 : 인권이론'에서는 무엇보다도 「인권은 누가 무엇을 위하여 누구에게 어떤 것을 요구하는 어떠한 권리인가?」라는 물음에 대한 대답을 찾아볼 것이라고 했습니다. 실제로 지금까지 살펴본 내용들과 각종 설명들은 처음 제시했던 물음에 대한 대답을 찾는 과정이었습니다. '제2부 : 인권실천'으로 우리의 공부를 확장하기 전에 그 대답을 간추려본다면 다음과 같습니다: 「인권은 국민 개인이 인간으로서의 존엄과 가치를 누리기 위해서 국가에게 일정한 작위 혹은 부작위를 요구하는 헌법적 차원의 권리이다.」

②

인권실천

Ⅰ. 인권실천의 계기와 인권심사

인권침해여부에 대한 판단과 판단기준

38. 인권실천의 계기로서 인권침해상황

일정한 사실이나 형편에 작용하여 그것을 변혁시키려고 하는 인간의 의식적·능동적 활동인 실천이 헌법적 차원의 권리인 기본적 인권(기본권)과 결부해서 특별히 강조되거나 요청되는 경우는 무엇보다도 인권이 침해되고 있거나 침해될 우려가 큰 상황일 것입니다. 따라서 본격적인 인권실천을 위해서는 (복잡다기한 생활영역에서 포착된 특정한 인권관계에서) 인권의무자인 국가의 구체적인 행위가 헌법적 차원의 권리인 인권을 침해하여 용납될 수 없는 위헌적인 행위인지, 아니면 용납될 수 있는 합헌적 행위인지 여부에 대한 판단——이러한 판단을 '기본적 인권관계를 자세하게 조사하여 결정한다는 의미'에서 '인권심사' 혹은 '기본권심사'Grundrechtsprüfung; Examination of constitutional rights라고 합니다——이 선행되어야 합니다.

관련하여 헌법 제10호로 공포된 현행 대한민국헌법은 인권침해여부를 판정하기 위한 다양한 기준(인권심사기준)들을 곳곳에 마련해두고 있습니다. 다만 시간적 제약으로 인해서 이 자리에서 모든 인권심사기준들을 정치하게 설명하는 것은 어려울 것 같습니다. 따라서 여기에서는 무엇보다도 인권침해여부가 다투어지는 거의 모든 인권관계에서 일반적으로 적용되는 헌법 제37조 제2항에 주목해서 인권침해여부를 판정하기 위한 주요한 몇몇 심사기준들을 간략하게 설명한 후, 이러한 판정의 결과로 포착된 인권침해 내지는 인권침해우려상황에 대한 대응방식인 인권실천의 방법을 모색해보고 민주공화국을 지향하는 정치공동체 내에서 인권실천이 당면하고 있는 현실적 어려움 및 인권실천의 한계를 간단히 환기하고자 합니다.

39. 헌법 제37조 제2항의 적용범위와 인권제약·인권제한·인권침해

헌법 제37조 제2항은 "국민의 **모든** 자유와 권리는 국가안전보장·질서유지 또는 공공복리를 위하여 필요한 경우에 한하여 법률로써 제한할 수 있으며, **제한**하는 경우에도 자유와 권리의 본질적인 내용을 **침해**할 수 없다."라고 규정하고 있습니다. 여기서 주목할 점은 우선 헌법 제10조가 명시하고 있는 "기본적 인권"에 상응하는 "자유와 권리"* 앞에 "모든"이라는 수식어가 붙어 있다는 것입니다. 즉 헌법 제37조 제2항은 개별적 인권(자유와 권리) 내지는 특수한 인권관계에 국한해서 적용되는 조항이 아니라, 모든 인권관련 문제에 있어서 인권의무자인 국가가 항상 준수해야만 하는 일반조항이란 점입니다.** 따라서 인권의무자인 국가는 모든 인권관계에서 헌법 제37조 제2항을 준수해야 하는바, 헌법 제37조 제2항이 명시하고 있는 요건들을 준수하지 않은 국가행위는 위헌으로 평가되어야 합니다.***

---

* 여기에 관해서는 절 번호 22 참조.

** 인권관계에서 심사대상인 국가행위가 인권을 침해하고 있는지 여부(즉 위헌성여부)를 판단함에 있어서 일반적으로 활용되어야 하는 헌법 제37조 제2항 같은 조항 외에도 특별한 혹은 개별적 인권관계에서 추가적으로 검토되어야 할 사항을 헌법은 별도의 개별조항을 통해서 마련해둔 경우도 있습니다. 예컨대 헌법은 압수나 수색이란 방식으로 행해지는 주거의 자유에 대한 국가의 개입이 정당화되기 위해서는 특별히 "검사의 신청에 의하여 법관이 발부한 영장을 제시"할 것을 요구하고 있으며(헌법 제16조 모든 국민은 주거의 자유를 침해받지 아니한다. 주거에 대한 압수나 수색을 할 때에는 검사의 신청에 의하여 법관이 발부한 영장을 제시하여야 한다.), 언론·출판·집회·결사의 자유에 개입하는 국가행위와 관련해서는 제21조 제2항에서 특별히 허가나 검열을 금지하고 있습니다.

*** 물론 인권관계에서 인권의무자인 국가가 헌법 제37조 제2항을 준수했다고 해서 해당 국가행위에 대해서 곧바로 위헌이 아니라고 단정해서는 안 됩니다. 왜냐하면 인권관계에서 국가가 준수해야 할 사항이 헌법 제37조 제2항에만 규정되어 있는 것은 아니기 때문입니다. 하지만 적어도 인권관계에서 헌법 제37조 제2항에 위반된 국가행위가 위헌이 된다는 점은 부정할 수 없습니다.

그리고 헌법 제37조 제2항은 인권관계에서 "제한"은 할 수 있는 행위, 즉 허용된 행위(합헌적 행위)이지만, "침해"는 할 수 없는 행위, 즉 금지된 행위(위헌적 행위)임을 분명하게 표현하고 있습니다. 인권관계에서 헌법이 "제한"을 허용하고 있다는 점은 헌법 제37조 제2항뿐만 아니라 헌법 제23조 제3항*·제33조 제3항**·제122조*** 등을 통해서도 알 수 있으며, 헌법이 "침해"를 용납하고 있지 않다는 점은 침해할 수 없는 기본적 인권, 즉 "불가침의 기본적 인권"을 명시하고 있는 헌법 제10조나 헌법 제16조****·제17조*****·제18조****** 등의 표현을 통해서도 뒷받침됩니다. 그런데 인권관계에서 인권의무자인 국가의 행위가 헌법이 마련해두고 있는 각종 심사기준들에 위배되는지 여부에 대한 조사(인권심사)가 완료되어야 비로소 해당 국가행위

---

* 헌법 제23조 ③공공필요에 의한 재산권의 수용·사용 또는 제한 및 그에 대한 보상은 법률로써 하되, 정당한 보상을 지급하여야 한다.
** 헌법 제33조 ③법률이 정하는 주요방위산업체에 종사하는 근로자의 단체행동권은 법률이 정하는 바에 의하여 이를 제한하거나 인정하지 아니할 수 있다.
*** 헌법 제122조 국가는 국민 모두의 생산 및 생활의 기반이 되는 국토의 효율적이고 균형있는 이용·개발과 보전을 위하여 법률이 정하는 바에 의하여 그에 관한 필요한 제한과 의무를 과할 수 있다.
**** 헌법 제16조 모든 국민은 주거의 자유를 침해받지 아니한다. 주거에 대한 압수나 수색을 할 때에는 검사의 신청에 의하여 법관이 발부한 영장을 제시하여야 한다.
***** 헌법 제17조 모든 국민은 사생활의 비밀과 자유를 침해받지 아니한다.
****** 헌법 제18조 모든 국민은 통신의 비밀을 침해받지 아니한다.

가 허용된 "제한"인지 혹은 금지된 "침해"인지 여부가 확인될
수 있다는 점에서 합헌적 행위인 '인권제한'과 위헌적 행위인
'인권침해'는 인권심사의 결론이라고 할 수 있습니다.

결국 헌법 제37조 제2항은 인권심사의 결론이 도출되기 전
까지 인권심사의 대상인 국가행위를 지칭하는 용어에 대해서
는 침묵하고 있습니다. 다만 「헌법재판소법」에서는 이를 "공권
력의 행사 또는 불행사"로 지칭하고 있습니다만,* 이러한 표
현은 국가 혹은 공권력의 행위를 포착하는 일반적 용어라는 점
에서 인권 내지는 인권관계의 특수성을 반영하기에는 아쉬움
이 있습니다. 따라서 여기에서는 허용된 '인권제한'도 금지된
'인권침해'도 아닌, 인권심사의 결론을 확보하기 전의 중립적
개념으로서의 심사대상인 국가행위를 포착하는 용어로 '인권
제약'이라는 표현을 사용하고자 합니다.**

---

* 헌법재판소법 제68조(청구 사유) ① 공권력의 행사 또는 불행사(不行使)로 인하여 헌
  법상 보장된 기본권을 침해받은 자는 법원의 재판을 제외하고는 헌법재판소에 헌법소
  원심판을 청구할 수 있다. 다만, 다른 법률에 구제절차가 있는 경우에는 그 절차를 모두
  거친 후에 청구할 수 있다.

** 우리 헌법학 및 인권심사에 많은 영향을 끼친 독일헌법학계에서도 인권관계에서 심
   사대상인 국가행위가 위헌으로 판단된 경우와 합헌으로 판단된 경우를 각각 **'침해'**
   (Verletzung)와 **'제한'**(Schranken)으로 구분하고 있으며, 이러한 판단 이전의 중립
   적 상태에 놓여 있는 국가행위는 주로 'Eingriff'이라는 용어로 포착하고 있습니다.
   'Eingriff'의 원래 의미를 고려한다면 '제약'이란 표현보다는 '개입' 혹은 **'침범'**이라는
   표현이 더 좋을 것 같습니다(이에 관해서는 김해원, 「기본권의 잠정적 보호영역에 관

헌법 제37조 제2항의 적용범위와 인권심사, 인권제약, 인
권제한, 인권침해 등에 대한 기본적 이해를 바탕으로 헌법 제
37조 제2항이 명시하고 있는 인권심사기준들을 지금부터 더욱
면밀하게 살펴봅시다.

40. 헌법 제37조 제2항 "법률로써" : 법률유보원칙

인권관계에서 심사대상인 국가행위가 인권침해가 아니라 합
헌적인 인권제한으로 평가받을 수 있기 위해서는 원칙적으로
해당 국가행위는 "법률로써" 행해진 것이어야만 합니다. 왜냐
하면 헌법 제37조 제2항은 인권, 즉 "국민의 모든 자유와 권리"
는 일정한 경우에 "법률로써" 제한할 수 있음을 명시하고 있기
때문입니다. 이것을 인권관계에서의 '법률유보원칙'이라고 합
니다. 따라서 인권관계에서 심사대상인 국가행위는 직접적이
든 간접적이든 국민의 대표기관인 국회에서 의결된 법률 혹은
법률적 차원의 규범*에 근거를 두고 있어야만 합니다. 만약 인
권관계에서 심사대상인 국가행위가 아무런 근거가 없거나 혹

한 연구」,『헌법학연구』15-3, 한국헌법학회, 2009, 293~294쪽, 주 51 참조).

* 예컨대 긴급한 조치가 필요한 일정한 상황에서 대통령이 헌법 제76조 제1항 혹은 제
2항에 따라서 발하는 "법률의 효력을 가지는 명령"(소위 긴급재정·경제명령 및 긴급명
령)이나 국제규범들 중에서 헌법 제60조 제1항에 따라 국회의 동의를 받아서 체결·공
포된 조약 등은 일반적으로 법률적 차원의 규범으로 이해됩니다.

은 오직 명령이나 규칙 등과 같은 법률하위규범에 근거해서 행해진 것이라면, 해당 국가행위는 '법률유보원칙'에 위반되어 인권침해가 됩니다.[*]

뿐만 아니라 법률을 매개하지 않고 바로 법률상위규범인 헌법에 직접 근거해서 개인의 인권을 제약하는 국가의 행위 또한 헌법 제37조 제2항 "법률로써" 행해진 인권제약행위가 아니라는 점에서 특단의 경우[**]가 아닌 한 '법률유보원칙'에 위반되

---

[*] 한국어 "로써"는 어떤 대상의 '수단'이나 '원료'를 의미하는 격조사입니다(국립국어원 표준국어대사전, 검색어: 로써, 검색일: 2018.06.14). 따라서 헌법 제37조 제2항 "법률로써"의 의미에는 법률이 수단으로 직접 원용된 규율(즉, '법률에 의한 규율')은 물론이고, 법률이 간접적 수단인 원료로 활용된 규율(즉, '법률에 근거한 규율')까지도 모두 내포된 것으로 이해하는 것이 자연스러운 문리해석의 결과입니다. 실제로 인권관계를 규율하는 많은 법률들은 '……에 관하여 필요한 사항은 대통령령으로 정한다' 등과 같은 방식으로 일정한 사항을 법률하위규범(특히, 대통령령·총리령·부령·대법원규칙 등등)이 규율할 수 있도록 명시한 경우가 많습니다.

[**] 여기서 특단의 경우는 법률을 매개하지 않고 직접 헌법에 근거해서 인권을 제약할 수 있는 지극히 예외적인 경우를 의미합니다. 관련하여 다음과 같은 예를 한번 생각해볼 수 있겠습니다: 10명의 승객을 태우고 대도시 상공을 비행하던 항공기가 기체고장으로 인해서 30초 후 추락을 피할 길이 없는데, 확실시 되는 추락지점이 대규모 화학공장 안에 있는 원자력 연구소이다. 따라서 항공기 추락으로 인해서 유독물질과 방사선 등이 분출되어 도시 사람들 대부분이 사망에 이르는 것을 피할 수 없는 상황이며, 다른 대안도 없는 상황이다. 이 경우 국가최고수뇌부에서 법률의 근거 없이 해당 항공기를 격추하라는 명령을 내렸다면, 해당 명령은 항공기 안에 타고 있는 승객의 인권(특히 생명권)을 침해하여 위헌인가? 이런 물음에 대한 대답을 구하는 문제는 '인권특수론'에 해당한다는 점에서 '인권일반론'을 다루고 있는 이 책에서는 거론하지 않을 것입니다. 하지만 관련하여 더욱 깊은 공부를 원하는 분들은 김해원, 「헌법적 논증에서 정치와 사법 — 헌법재판에서 사법심사의 가능성과 한계를 중심으로」, 『법학논고』 36, 경북대학교

어 용납되지 않는 인권침해라고 해야 합니다. 왜냐하면 인권관계에서 헌법을 구체화하고 있는 법률을 도외시하거나 이를 매개하지 않고 국가가 바로 추상적인 헌법에 직접 근거해서 인권을 제약하는 구체적인 행위를 할 수 있게 되면, 이는 법률정립권자인 국회의 권한을 무시한 것으로서 헌법상 권력분립원칙에 위반되는 것일 뿐만 아니라, 무엇보다도 헌법적 차원의 권리인 인권에 내포된 인권보유자의 형식적 지위(즉 인권관계에 개입하는 국가는 특단의 경우가 아닌 한 헌법을 구체화하는 규범인 법률이라는 형식을 미리 구비해서 인권보유자인 국민에게 예측가능성을 제공해야 한다는 요청)를 간과한 것이기 때문입니다.

예컨대 헌법상 국민에게 납세의 의무(헌법 제38조)*나 국방의 의무(헌법 제39조 제1항)**가 부과되어 있긴 하지만, 인권보유자인 국민 입장에서는 해당 헌법조항만으로는 국가가 어떠한 경우에 얼마나 세금을 징수할 수 있는지 혹은 언제 누구에게 병역을 부과할 수 있는지 여부를 도저히 예측할 수 없습니다. 따라서 구체적인 인권관계에서 국민 개인의 재산권을 제약하는 세금징수행위를 하거나 혹은 신체의 자유·거주이전의 자유 등등

법학연구원, 2011, 16~22쪽을 참고해도 좋겠습니다.
* 헌법 제38조 모든 국민은 법률이 정하는 바에 의하여 납세의 의무를 진다.
** 헌법 제39조 제1항 모든 국민은 법률이 정하는 바에 의하여 국방의 의무를 진다.

을 제약하는 병역의 의무를 부과하기 위해서는 반드시 헌법상 국민의 의무를 구체화하는 관련 법률이 마련되어 있어야만 합니다. 만약 이러한 법률 없이 바로 헌법 제38조나 헌법 제39조 제1항에 근거해서 재산권이나 신체의 자유 등과 같은 인권을 제약하는 국가행위는 (헌법 제37조 제2항 "법률로써" 행해진 것이 아니므로) 인권관계에서 법률유보원칙에 위반되어 인권침해로 판정되어야 한다는 것입니다.

요컨대 인권보유자인 국민 입장에서 인권제약의 근거규범인 법률은 구체적인 경우에 국가로부터 언제 어떤 인권제약이 어떤 조건에서 어떻게 그리고 얼마나 감행될 수 있는지를 미리 예측하고 이에 대비할 수 있도록 하는 사전방어선이라고 할 수 있을 것인바,[*] 국민의 대표기관인 국회에서 정립된 이러한 사전방어선을 제공하지 않고 행해지는 국가의 인권제약행위는 특단의 경우가 아닌 한 헌법상 정당화될 수 있는 인권제한으로 평가될 수 없다는 것입니다. 그러므로 우리의 생활영역에서 인권을 제약하는 혹은 인권침해여부가 의심스러운 특정 국가행위가 구체적으로 포착되었다면, 우선 해당 국가행위가 법률적 차원

---

[*] Vgl. U. Di Fabio, *Grundrechte im präzeptoralen Staat am Beispiel hoheitlicher Informationstätigkeit*, in: JZ, 1993, S. 691.

관련 판례

● 미결수용자의 면회를 주2회로 제한한 군행형법시행령규정이 미결수용자의 기본적 인권(기본권)을 침해하는지 여부가 다투어진 사건에서 헌법재판소는 법률인 군행형법이 수용자의 면회는 교화 또는 처우상 특히 부적당하다고 인정되는 사유가 없는 한 이를 허가하여야 한다고 규정(제15조 제2항)하여 면회의 횟수를 제한하지 않는 자유로운 면회를 전제로 하고 있다는 점을 확인한 다음, 「제15조 제6항에서 "면회에의 참여……에 관하여 필요한 사항은 대통령령으로 정한다."라고 규정함으로써, 면회에의 참여에 관한 사항만을 법률(군행형법)이 대통령령으로 정하도록 위임하고 있고 면회의 횟수에 관하여는 전혀 위임하지 않았음에도 불구하고, 대통령령(군행행법시행령)규정이 미결수용자의 면회횟수를 매주 2회로 제한하고 있는 것은 법률에 근거가 없다는 점에서 헌법 제37조 제2항의 법률유보규정에 위반하여 (헌법 제10조 "행복을 추구할 권리"에 포함되는 기본적 인권인 일반적 행동자유권으로부터 도출되는) 미결수용자의 접견교통권이라는 기본권에 대한 침해를 구성한다고 판단하고, 이 사건 심사대상인 시행령규정에 대해서 헌법위반을 선고했습니다(헌재 2003. 11. 27. 2002헌마193, 판례집 15-2하, 311쪽 이하, 특히 330~331쪽 참조).

의 규범에 직·간접적으로 근거한 행위인지 여부를 살펴보는 것이 좋겠습니다. 이 경우 만약 국가가 자신의 행위에 대한 법률적 근거를 전혀 제시하지 못한다면, 해당 국가행위는 아주 예외적인 특단의 경우가 아닌 한 헌법 제37조 제2항 "법률로써"에 위반(인권관계에서의 '법률유보원칙'에 위반)되는 인권침해로 판정되어야 합니다.

41. 헌법 제37조 제2항
"국가안전보장·질서유지 또는 공공복리를 위하여" : 목적의 정당성

인간의 존엄을 실현하려고 하는 민주적 법치국가에서 자기 목적적 국가는 결코 용납될 수 없으며 국가의 모든 활동은 헌법적 가치를 구현하기 위한 수단이어야 한다는 점에서, 아무런 이유 없이 혹은 오직 개인의 인권을 훼손할 의도만으로 감행된 국가행위는 그것이 단지 아주 사소한 인권제약을 초래할 뿐이라고 하더라도 용납될 수 없는 위헌인 인권침해라고 해야 합니다. 바로 이러한 점에서 헌법 제37조 제2항은 인권관계에 관여하는 국가행위의 목적이 정당한지 여부를 검토——이를 '목적의 정당성 심사'라고 합니다——하는 기준으로서 "국가안전보장·질서유지 또는 공공복리"를 명시하고 있는 것입니다. 따라서 인권심사에서 심사대상인 국가행위가 "법률로써" 행해진 것이라고 하더라도, 해당 국가행위가 "국가안전보장·질서유지 또는 공공복리를 위하여" 행한 것이어야만 비로소 합헌적인 인권제한으로 평가될 수 있습니다.

그런데 구체적 인권관계에서 심사대상인 특정 국가행위의 목적이 정당한 것인지 여부를 더 적확하게 판단하기 위해서는 우선 해당 국가행위를 통해서 달성하려고 하는 목적 내지는 목표가 가능한 한 구체적이고 명확하게 확인될 수 있어야 합니다. 만약 심사대상인 국가행위가 무엇을 위한 수단인지를 도무지 탐지할 수 없을 정도로 흐리터분하거나 혹은 추상적이고 막연한 공익이나 실체 없는 허구적 개념인 국익이 심사대상인 국가행위의 목적으로 포착될 수밖에 없다면, 해당 국가행위는 본질적으로 목적 없는 행위(무목적적 행위) 혹은 목적을 확인할 수 없는 행위라는 점에서 인권침해로 판단되어야 합니다.[*]

따라서 구체적인 인권관계에서 심사대상인 국가행위가 위헌인 인권침해가 아니라 합헌적인 인권제한이라고 주장하려는 사람은 '목적의 정당성 심사'와 관련하여 ① 해당 국가행위를 통해서 달성하려는 목적이 '누구의 혹은 어떤 집단의 어떤

---

[*] Vgl. S. Lenz/P. Leydecker, *Kollidierendes Verfassungsrecht: Verfassungsrechtliche Maßstäbe der Einschränkbarkeit vorbehaltloser Freiheite*, in: DÖV, 58(20), 2005, S. 848; BVerfGE 77, 240(254); BVerfGE 81, 278(293).

이익'인지를 가급적 뚜렷하게 제시해야 하며(목적의 정당성 심사 제1단계), 그런 다음 ② 제시된 특정 이익이 헌법 제37조 제2항이 명시하고 있는 "국가안전보장·질서유지 또는 공공복리"에 부합되는 것임을 적극적으로 논증해야 합니다(목적의 정당성 심사 제2단계). 만약 이러한 논증이 실패한다면, 인권을 제약하는 심사대상인 국가행위는 정당한 목적을 겨냥한 행위가 아니라는 점에서(즉 헌법 제37조 제2항 "국가안전보장·질서유지 또는 공공복리를 위하여"에 위배된 행위라는 점에서) 인권침해로 판정되어야 합니다.

관련 판례

● 자동차 운전자에게 좌석안전띠를 매도록 하고, 이를 위반했을 때 범칙금을 납부하도록 통고하고 있는 도로교통법(1999. 1. 29. 법률 제5712호로 개정된 것) 제118조가 운전자의 일반적 행동자유권을 침해하는지 여부가 문제된 사건에서 헌법재판소는 심사대상인 도로교통법 제118조의 목적이 교통사고사상자의 축소 및 안전운전에 대한 인식 제고를 통해서 공동체의 불이익과 비용부담 감소에 있음을 국내외 통계자료 등을 통해서 구체적으로 실증한 다음(목적의 정당성 심사 제1단계), 이러

한 목적들은 헌법 제37조 제2항이 명시하고 있는 질서유지 및 공공복리에 해당한다는 점을 밝히면서(목적의 정당성 심사 제2단계) 심사대상 법률조항이 헌법에 위반되지 않는다고 판단했습니다(헌재 2003. 10. 30. 2002헌마518, 판례집 15-2하, 185쪽 이하, 특히 200쪽 참조).

● 동성동본인 혈족사이의 혼인을 그 촌수의 원근에 관계없이 일률적으로 모두 금지하고 있었던 민법조항이 헌법에 합치되지 않는다는 점을 논증하는 과정에서 헌법재판소는 심사대상 법률조항(동성동본금혼제)은 "충효정신을 숭상한 유학"과 "왕조를 중심으로 한 신분적 계급제도", "남계를 중심으로 한 족벌적, 가부장적 대가족 중심의 가족제도" 및 "자급자족을 원칙으로 한 농경중심의 사회"를 유지하기 위한 수단의 하나임을 밝힌 다음(목적의 정당성 심사 제1단계), 이러한 동성동본금혼제의 목적(즉, '충효정신을 숭상한 유학·왕조를 중심으로 한 신분적 계급제도·남계를 중심으로 한 족벌적, 가부장적 대가족 중심의 가족제도·자급자족을 원칙으로 한 농경중심의 사회'의 유지)은 혼인에 관한 국민의 자유와 권리를 제한할 "사회질서"나 "공공복리"에 해당될 수 없다는 점에서(목적의 정당성 심사 제2단계) 헌법 제37조 제2항에도 위반된다고 판단했습니다(헌재 1997. 7. 16. 95헌가6등, 판례집 9-2, 1쪽 이하, 특히 18쪽 참조).

42. 헌법 제37조 제2항 "필요한 경우에 한하여" : 비례성원칙

목적이 정당하다고 해서 그 목적을 달성하기 위해 선택된 수단이 항상 정당화되는 것은 아닙니다. 따라서 구체적 현실에서 선택된 특정 수단으로 얻을 수 있는 긍정적 효과뿐만 아니라, 야기될 수 있는 부정적 효과 또한 함께 고려하여 해당 수단의 합리성과 정의로움이 판단되어야 합니다. 관련하여 헌법 제37조 제2항은 구체적인 인권관계에서 인권의무자인 국가의 특정한 인권제약행위가 "국가안전보장·질서유지 또는 공공복리"에 부합되는 정당한 목적을 겨냥한 것이라고 하더라도, 해당 국가행위는 "필요한 경우에 한하여" 행해진 것일 때 합헌적인 제한이 될 수 있다는 점을 밝히고 있습니다. 여기서 심사대상인 국가의 인권제약행위가 헌법 제37조 제2항 "필요한 경우에 한하여"라는 심사기준을 충족하는지 여부를 살피는 것은 일반적으로 '선택된 하나의 수단이 복수의 목적에 관련될 때 수단과 목적들 상호간 관계 속에서 수단의 합리성과 정의로움을 논증하는 과정'으로 이해됩니다.

즉 인권관계에서 심사대상인 국가행위를 M이라고 하고, 해당 국가행위를 통해서 달성하고자 하는 목적적 가치인 공익(혹은 타인의 인권)을 Z1, 해당 국가행위로 인해서 제약되는 목적적 가치인 개인의 인권을 Z2라고 할 때, M이 헌법 제37조 제2항

"필요한 경우에 한하여"에 부합되는 행위인지 여부는 M이 다음과 같은 3가지 원칙들을 준수하고 있는지 여부를 검토——이를 **'비례성심사'**[*]라고 합니다—— 하여 확인된다는 것입니다:「수단 M은 목적 Z1을 실현하는 데 적합한 수단이면서(수단 M과 목적 Z1의 관계에 있어서 '**적합성원칙**') 동시에 목적 Z2에 대한 훼손을 가급적 최소화할 수 있는 수단이어야 할 뿐만 아니라(수단 M과 목적 Z2의 관계에 있어서 '**최소성원칙**'), 수단 M으로 인해 실현되는 Z1의 중요성 내지는 정도(공익실현의 정도)가 훼손되는 Z2의 중요성 내지는 정도(인권제약의 정도)에 비해서 더 크거나 적어도 비등비등할 수 있어야(실현되는 목적 Z1과 훼손되는 목적 Z2의 관계

---

* 여기서 비례성은 독일어 Verhältnismäßigkeit의 번역어입니다. 이 독일어 낱말은 '관계'를 뜻하는 Verhältnis에 '적합함' 내지는 '적합성'이란 뜻을 가진 Mäßigkeit가 붙어서 만들어진 말이란 점에서, '비례성심사'를 '관계적합성심사'로 이해해도 좋겠습니다. 그리고 인권심사에서 Verhältnis로 포착된 '관계'의 의미는 통상 '두 개'의 목적(실현하려는 목적과 훼손되는 목적)과 '한 개'의 수단이 이루는 '세 개'의 관계를 지칭하는 것으로 이해되고 있으므로, 비례성심사라는 것은 심사대상인 수단(국가의 인권제약행위)이 세 개의 관계(① 실현하려는 목적과 수단의 관계, ② 훼손되는 목적과 수단의 관계, ③ 실현하려는 목적과 훼손되는 목적 상호간의 관계)를 조화롭고 질서정연하게 구현할 수 있는 수단인지 여부를 살피라는 것으로 이해하면 되겠습니다(이에 관한 상세한 설명은 특히 이준일, 「기본권제한에 관한 결정에서 헌법재판소의 논증도구」, 『헌법학연구』 4-3, 한국헌법학회, 1998, 276~282쪽 참조). 바로 이러한 관점에서 일반적으로 헌법 제37조 제2항 "필요한 경우에 한하여"를 '관계적합한 경우에 한하여' 혹은 '비례적합한 경우에 한하여'로 해석하여 인권관계에서 비례성심사를 해야 하는 헌법 명시적 근거로 원용하고 있습니다.

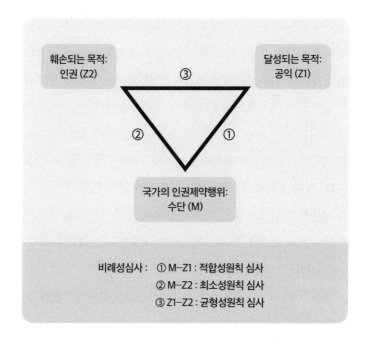

에 있어서 '**균형성원칙**') 비로소 수단 M은 헌법 제37조 제2항 "필요한 경우에 한하여"에 부합된다.* 」 이러한 내용은 관계 삼각형을 활용해서 위 그림과 같이 도식화할 수 있습니다.**

---

* 관련된 더 상세한 설명은 이준일, 「기본권제한에 관한 결정에서 헌법재판소의 논증도구」, 『헌법학연구』 4-3, 한국헌법학회, 1998, 277~278쪽.
** 특히 이준일, 「헌법재판의 법적 성격 ─ 헌법재판소의 논증도구인 비례성원칙과 평등원칙을 예로」, 『헌법학연구』 12-2, 한국헌법학회, 2006, 325~326쪽 참조.

이러한 비례성심사는 인권과 충돌하는 혹은 대립하는 다른 정당한 가치들(공익 혹은 타인의 인권 등)과의 관련 속에서 국가의 인권제약행위를 성찰하고 평가하는 과정이란 점에서, 현실에서 인권을 무제한적으로 관철하는 것은 불가능하다는 전제 하에 인권을 제약할 수밖에 없는 구체적인 현실에서 인권적 가치를 가능한 한 최대한 실현하고자 하는 노력이라고 할 수 있습니다. 따라서 헌법 제37조 제2항 "필요한 경우에 한하여"는 앞서 설명한 인권관계에서 '국가의 보장의무'*가 준수되었는지 여부를 검토하는 핵심적 심사기준(헌법 제37조 제2항에서 비롯되는 인권심사기준으로서 '**비례성원칙**')이 됩니다.

한편 인권심사기준으로서 '비례성원칙'은 인권관계에서 국가의 적극적 행위와 개입을 요청하는 급부권적 인권(국가에 대해 작위행위를 요구하는 인권)과 관련해서는 심사대상인 국가의 행위나 개입이 너무 적어서는(과소해서는) 안 된다는 의미에서 '**과소금지원칙**'으로, 국가의 소극적 행위와 불개입을 요청하는 방어권적 인권(국가에 대해 부작위행위를 요구하는 인권)과 관련해서는 심사대상인 국가의 행위나 개입이 너무 많아서는(과잉되어서는) 안 된다는 의미에서 '**과잉금지원칙**'으로 불리기도 합니다.

---

* 여기에 관해서는 절 번호 34 참조.

하지만 '과소금지원칙'이든 '과잉금지원칙'이든 양자 모두 인권
적 가치와 인권과 대립되는 또 다른 정당한 가치 모두를 구체
적 현실에서 동시에 조화롭고 균형적으로 실현해야 할 국가의
처지에 주목하면서 현실적 조건 속에서 가능한 한 인권적 가치
를 최대한 구현하려는 이념이란 점에서는 본질적으로 다르지
않다고 해야 할 것입니다.

구체적 인권관계에서 심사대상인 국가의 인권제약행위(M)
가 비례성원칙에 위반되지 않았다고 평가하기 위해서는 ① 해
당 인권제약행위(M)가 공익(Z1)을 달성하는 데 (다른 수단(M′)을
선택한 경우에 비해서) 큰 도움이 된다는 점과 ② 해당 인권제
약행위(M)로 인한 인권(Z2)의 훼손 내지는 제약의 정도가 (다른
수단(M′)을 선택한 경우에 비해서) 크지 않다는 점을 경험적 사
실에 근거하여 실증적으로 뒷받침한 다음, ③ 해당 인권제약행
위(M)로 인해서 인권(Z2)이 훼손 내지는 제약되는 정도에 비해
서 얻을 수 있는 공익(Z1)이 더 크고 더 중요하다는 점을 규범적
(가치 평가적)으로 논증한 후, 헌법적 가치에 부합되는 일정한 공
익(Z1)을 달성하기 위해서 어떤 수단을 선택할 것인지는 기본
적으로 민주적 정당성을 확보한 국민의 대표기관(특히 국회)에
게 폭넓은 재량권한이 있다는 점을 밝히면서 인권제약행위(M)
가 '공익(Z1)을 최대로 실현할 수 있는 가장 적합한 수단이면서

동시에 인권(Z2)의 훼손을 가장 최소화할 수 있는 수단으로서 실현하려는 공익(Z1)과 훼손되는 인권(Z2) 모두를 동시에 최대한 구현할 수 있는 최적의 수단일 필요는 없다는 점'을 강조할 필요가 있겠습니다.

실제로 비례성원칙의 부분 원칙들인 ① 적합성원칙·② 최소성원칙·③ 균형성원칙 각각을 ① 수단(M)은 실현하려는 목적(Z1)을 최대한 실현해야만 한다는 의미에서 '최대화명령'으로, ② 수단(M)은 훼손되는 목적(Z2)의 훼손을 최소화해야만 한다는 의미에서 '최소화명령'으로, ③ 수단(M)은 실현하려는 목적(Z1)과 훼손되는 목적(Z2) 양자가 모두 동시에 조화와 균형을 이루면서 최대한 구현되어야만 한다는 의미에서 '최적화명령'으로 이해하여 국가행위를 아주 강력하게 통제하게 되면 인권관계에서 국가가 행위할 수 있는 여지는 거의 존재하지 않게 될 것이며, 민주적 정당성은 취약하지만 비례성원칙 위반여부를 심사하는 현실적·규범적 지위를 확보하고 있는 사법기관(특히 헌법재판소)에 의해서 국가가 어떤 행위를 해야 할 것인지 여부가 실질적으로 결정되게 된다는 점에서 민주주의원칙이나 권력분립원칙이 훼손될 우려가 커지게 됩니다.

반면에 구체적 인권관계에서 비례성심사와 관련하여 심사대상인 국가의 인권제약행위(M)가 위헌 혹은 인권침해라는 점을 적극적으로 주장하기 위해서는 심사대상인 국가의 인권제약행위(M)를 통해서 달성하려는 목적인 공익(Z1)을 더 효과적이고 더 잘 실현할 수 있는 다른 수단(M´)을 찾아낸 다음, 해당 수단(M´)이 심사대상인 인권제약행위(M)에 비해서 인권제약행위(M)로 인해서 훼손되는 목적인 인권(Z2)을 덜 훼손하는 수단이란 점을 구체적인 사례를 들어서 경험적으로 입증한 후, 심사대상인 인권제약행위(M)로 실현되는 목적인 공익(Z1)의 중요성 내지는 실현정도에 비해서 훼손되는 목적인 인권(Z2)의 중요성 내지는 훼손정도가 더 중하고 더 크다는 점을 지적하면서 심사대상인 인권제약행위(M)가 아닌 다른 수단(M´)을 활용할 경우에 실현되는 목적인 공익(Z1)과 훼손되는 목적인 인권(Z2)이 동시에 더 조화롭고 더 균형적으로 구현될 수 있다는 점을 설득력 있게 논증하는 것이 중요합니다.

관련 판례

● 성매매를 한 당사자 모두를 처벌하도록(1년 이하의 징역이나 300만 원 이하의 벌금, 구류 또는 과료에 처하도록) 규정하고 있는 「성매매 알선 등 행위의 처벌에 관한 법률」(성매매처벌법, 2011. 5. 23. 법률 제 10697호로 개정된 것) 제21조 제1항이 비례성원칙(과잉금지원칙)을 위반하여 성매매 당사자(성판매자와 성구매자)의 성적 자기결정권, 사생활의 비밀과 자유 및 성판매자의 직업선택의 자유 등을 침해하여 위헌인지 여부가 다투어진 사건(헌재 2016. 3. 31. 2013헌가2, 판례집 28-1상, 259쪽 이하)에서 헌법재판소의 **다수의견(법정의견)**은 "성매매는 그 자체로 폭력적, 착취적 성격을 가진 것으로 경제적 약자인 성판매자의 신체와 인격을 지배하는 형태를 띠므로 대등한 당사자 사이의 자유로운 거래행위로 볼 수 없다. 또한 성매매는 성을 상품화하고 성범죄가 발생하기 쉬운 환경을 만들며, 국민생활의 경제적, 사회적 안정을 해치는 등 사회 전반의 건전한 성풍속과 성도덕을 허물어뜨린다. 따라서 <u>성매매를 처벌함으로써 건전한 성풍속 및 성도덕을 확립하고자 하는 성매매처벌법 제21조 제1항의 입법목적은 정당하다</u>"는 전제 하에(목적의 정당성 심사), 성매매를 형사처벌함에 따라 "성매매 집결지를 중심으로 한 성매매 업소와 성판매 여성이 감소하는 추세"에 있는 점과 "성구매사범 대부분이 성매매처벌법에 의해 성매매가 처벌된다는 사실을 인지한 후 성구매

를 자제하게 되었다고 응답"하고 있는 점 등과 같은 경험적 사실들을 논거로 활용하면서 성매매를 형사처벌하고 있는 성매매처벌법 제21조 제1항은 건전한 성풍속 및 성도덕을 확립하려는 목적을 달성하는 데 도움이 되는 적절한 수단이란 점을 지적하고(적합성원칙 심사), 이어서 "성매매에 대한 지속적인 수요를 억제하지 않는다면, 성인뿐만 아니라 청소년이나 저개발국의 여성들까지 성매매 시장에 유입되어 그 규모가 비약적으로 확대될 우려가 있고, 재범방지 교육이나 성매매 예방교육 등이 형사처벌과 유사하거나 더 높은 효과를 갖는다고 볼 수 없으므로 성구매자에 대한 형사처벌이 과도하다고 볼 수 없다"는 점과 "사회구조적 요인이 성매매 종사에 영향을 미칠 수는 있으나 이는 성매매에만 국한된 특유한 문제라고 볼 수 없고, 만약 이들에게 책임을 묻기 어려운 사정이 있는 경우에는 성매매피해자로 인정되어 형사처벌의 대상에서 제외될 수 있는 가능성도 존재하는 점, 형사처벌 외에 보호사건으로 처리될 수도 있는 점, 성매매피해자 등의 보호, 피해 회복 및 자립·자활을 지원하기 위하여 법적, 제도적 장치가 마련되어 있는 점 등에 비추어 성판매자에 대한 형사처벌도 과도하다고 볼 수 없다"는 점 등을 언급하면서 "나라별로 다양하게 시행되는 성매매에 대하여 정책의 효율성을 판단하는 것도 쉽지 않으므로, 전면적 금지정책에 기초하여 성매매 당사자 모두를 형사처벌하도록 한 입법을 침해최소성에 어긋난다고 볼 수 없다"라고 한 후(최소성원칙 심사), "자신의 성뿐만 아니라 타인의 성을 고귀한 것으로 여기고 이를 수단화하지 않는 것은 모든 인간의 존엄과 평등이 전제된 공동체의 발전을 위한 기본전제가 되는 가치관이므로, 사회 전반의 건전한 성풍속과 성도덕이라는 공익적 가치는 개인의 성적 자기결정권 등 기본권 제한의 정도에 비해 결코 작다고 볼 수 없어 법익균형성원칙에도 위배되지 아니한다"(균형성원칙 심사)라고 하면서 심판대상조항인 성매매처벌법 제21조 제1항이 "개인의 성적 자기결정권, 사생활의 비밀과 자유, 직업선택의 자유를 침해하지 아니한다"라고 판단했습니다.

하지만 이 사건에서 **재판관 2인(재판관 김이수, 재판관 강일원)**은 "심판대상조항의 입법목적이 정당하고, 성구매자에 대한 처벌이 헌법에 위반되지 않는다는 점은 다수의견과 같으나, 성판매자에 대한 형사처벌은 과잉금지원칙에 위배되는 과도한 형벌권 행사로 헌법에 위반된다."라는 일부위헌의견을 피력하면서 그 이유를 다음과 같이 설시했습니다: "성매매는 본질적으로 남성의 성적 지배와 여성의 성적 종속을 정당화하는 수단이자 성판매자의 인격과 존엄을 침해하는 행위이고, 여성과 모성 보호라는 헌법정신에 비추어도 여성 성판매자를 특별히 보호해야 한다. 이들이 성매매를 할 수밖에 없는 이유는 절박한 생존 문제 때문이고, 이는 사회구조적인 것으로 개인이 쉽게 해결할 수 있는 것이 아니다. 성판매자에 대한 형사처벌은 여성의 성이 억압되고 착취되는 상황을 악화시키고, 성매매 시장을 음성화하여 오히려 성매매 근절에 장해가 되므로 수단의 적합성이 인정되지 않는다. 성판매자로 하여금 성매매 이탈을 촉진하고 유입을 억제하려면 형사처벌 대신, 다른 경제활동을 할 수 있는 지원과 보호를 하는 것이 바람직하며, 성매매 예방교육, 성매매로 인하여 수익을 얻는 제3자에 대한 제재와 몰수, 추징 등의 방법으로 성산업 자체를 억제하는 방법이나 보호나 선도 조치 등과 같이 기본권을 보다 덜 제한하는 방법도 있으므로 성판매자에 대한 형사처벌은 침해최소성에도 반한다. 건전한 성풍속 내지 성도덕의 확립이라는 공익은 추상적이고 막연한 반면, 성판매자들이 받게 되는 기본권 침해의 정도는 중대하고 절박하다고 할 것이므로 법익균형성원칙에도 위배된다."

그리고 이 사건에서 **재판관 1인(재판관 조용호)**은 심판대상 법률조항에 대해서 '헌법에 위반되지 아니한다'라고 판단한 다수의견은 물론이고, '성판매자에 대한 처벌은 헌법에 위반된다고 보면서도 성매수자에 대한 처벌은 헌법에 위반되지 않는다'라고 판단하고 있는 재판관 2인의 일부위헌 의견까지도 싸잡아 비판하면서 다음과 같은 이유로 전부위헌의견을 피력했습니다: "성인 간의 자발적 성매매는 본질적으로 개인의 사생활 중에서도 극히 내밀한 영역에 속하고, 그 자체로 타인에게 피해를 주거나 건전한 성풍속 및 성도덕에 해악을 미친다고 보기 어렵다. 건전한 성풍속 및 성도덕이라는 개념 자체가 추상적·관념적이고, 내밀한 성생활의 영역에 국가가 개입하여 형벌의 대상으로 삼는 것은 입법자가 특정한 도덕관을 확인하고 강제하는 것이다. 심판대상조항은 성매매 여성들의 생존을 위협하는 인권유린의 결과를 낳고 있으며, 국민에 대한 최소보호의무조차 다 하지 못한 국가가 오히려 생계형 자발적 성매매 여성들을 형사처벌하는 것은 또 다른 사회적 폭력이므로 입법목적의 정당성을 인정할 수 없다. 성매매처벌법이 시행된 지 10여 년이 지났음에도 심판대상조항은 성매매 근절에 전혀 기여하고 있지 못하므로 수단의 적합성도 인정되지 않는다. 성매매에 대한 최선의 해결책은 사회보장·사회복지정책의 확충을 통하여 성매매여성이 성매매로부터 벗어날 수 있도록 지원하는 것이다. 성매매 예방교육의 실시, 성 산업 자체의 억제 또는 일정구역 안에서만 성매매를 허용하는 등 덜 제약적인 방법이 가능하므로 심판대상조항은 침해최소성원칙에도 위배된다. 특히 심판대상조항의 대향범(對向犯)적 성격에 비추어 볼 때, 성매수자만 처벌하는 것은 처벌의 불균형성과 성적 이중잣대를 강화할 수 있다. 지체장애인, 홀로 된 노인, 독거남 등 성적 소외자의 경우는 심판대상조항 때문에 인간으로서 가장 기본적인 성적 욕구를 충족시킬 수 없는 상황으로 내몰릴 수도 있다. 건전한 성풍속 및 성도덕의 확립은 추상적이거나 모호하여 헌법적 가치에 해당한다고 볼 수 없는 반면, 형사처벌이 가져오는 사적 불이익은 실질적이고 구체적이며 그 불이익의 정도가 크므로 법익균형성도 상실하였다."

● 자동차 운전자에게 좌석안전띠를 매도록 하고, 이를 위반했을 때 범칙금을 납부하도록 통고하는 것이 자동차 운전자의 일반적 행동자유권을 침해하는지 여부가 문제된 사건에서 헌법재판소는 "자동차 운전자에

게 좌석안전띠를 매도록 하고 이를 위반했을 때 범칙금을 납부하도록 통고하는 것은, 교통사고로부터 국민의 생명 또는 신체에 대한 위험과 장애를 방지·제거하고 사회적 부담을 줄여 교통질서를 유지하고 사회공동체의 상호이익을 보호하는 공공복리를 위한 것으로 그 입법목적이 정당하고, 운전자의 불이익은 약간의 답답함이라는 경미한 부담이고 좌석안전띠 미착용으로 부담하는 범칙금이 소액인 데 비하여 좌석안전띠 착용으로 달성하려는 공익은 동승자를 비롯한 국민의 생명과 신체를 보호하고 교통사고로 인한 사회적인 비용을 줄여 사회공동체의 이익을 증진하는 것이므로 달성하고자 하는 공익이 침해되는 청구인의 좌석안전띠를 매지 않을 자유라는 사익보다 크며, 제도의 연혁과 현황을 종합하여 볼때 청구인의 일반적 행동자유권을 <u>비례의 원칙에 위반되게 과도하게 침해하는 것이 아니다</u>"라고 판단했습니다(헌재 2003. 10. 30. 2002헌마518, 판례집 15-2하, 185쪽 이하).

● 배우자가 선거범죄로 300만 원 이상의 벌금형을 선고받은 경우 그 선거구 후보자의 당선을 무효로 하는 공직선거법(2010. 1. 25. 법률 제9974호로 개정된 것) 제265조가 비례성원칙(과잉금지원칙)에 위배하여 청구인의 기본적 인권(공무담임권)을 침해하는지 여부가 문제된 사건에서 헌법재판소는 이 사건 법률조항은 "공정한 선거를 실현하기 위해서는 선거부정에 대하여 엄한 제재가 가해져야 한다는 취지에서, 당선무

효가 되는 연대책임 규정을 확대하여 공명하고 깨끗한 선거풍토를 확립하려는 목적에 기초한 것"이라고 하면서 이러한 목적은 "헌법 제37조 제2항이 규정한 질서유지 내지 공공복리에 부합"하는 것으로 "목적의 정당성이 인정"된다는 점을 밝힌 후, 아래와 같은 이유에서 이 사건 법률조항은 비례성원칙(과잉금지원칙)에 위배하여 청구인의 공무담임권을 침해한다고 볼 수 없다고 판단했습니다(헌재 2011. 9. 29. 2010헌마68, 판례집 23-2상, 692쪽 이하, 특히 703~707쪽).

① 선거와 관련하여 배우자의 중대한 선거범죄가 존재하는 경우에 비록 후보자가 그러한 선거부정행위에 직접 관여하였음이 드러나지 아니하였다고 하더라도 당선의 효력을 유지시키지 아니하는 것은 공명하고 깨끗한 선거풍토를 확립하려는 입법목적의 달성에 이바지하는 적절한 하나의 수단이 된다 할 것이므로, **수단의 적합성도 인정된다.**

② 이 사건 법률조항은 당선무효를 초래하는 배우자의 위법행위의 범위를 한정하고 있다. 수많은 선거법 위반행위 가운데 매수·기부행위, 각종 이익의 제공 등 금권선거의 중핵을 이루는 것으로서 그 불법성이 대단히 중대한 공직선거법 제230조 내지 제234조, 제257조 등의 몇 가지 범죄행위에 국한시킴으로써 연대책임의 발생경로 자체를 제한하고 있다. 이는 후보자의 공무담임권 보장과 선거공정 확보라는 법익의 조화를 위하여 필요한 최소한의 규제에 그치려는 입법적 노력이라 할 수 있다. 입법자는 이 사건 법률조항으로 인하여 당선이 무효로 된 자에 대

하여 동일 선거구에서 상당기간 동안 동일 선거에 입후보를 할 수 없도록 제한하는 규정을 둘 수도 있었으나, 이 사건 법률조항은 단지 당해 재선거 등에서만 후보자가 될 수 없도록 함으로써 당선무효에 수반되는 불이익을 최소화하고 있다. 배우자의 위법행위에 관하여 후보자에게 감독상의 잘못이 있는지 여부를 불문하고 일률적으로 당선을 무효로 하는 것이 과연 정당한지 문제 될 수 있으나, […], 배우자와 후보자는 선거에 임하여 분리하기 어려운 운명공동체라고 보아 배우자의 행위를 곧 후보자의 행위로 의제함으로써 선거부정 방지를 도모하고자 한 입법적 결정의 전제와 목표 및 선택이 현저히 잘못되었거나 부당하다고 보기 어려운 이상, 감독상의 주의의무 이행이라는 면책사유를 인정하지 않고 후보자에게 일종의 법정 무과실책임을 지우는 제도를 형성한 것이 반드시 필요 이상의 지나친 규제를 가하는 것이라고 단정하기 어렵다. 그리고 구체적으로 후보자의 배우자가 어떠한 선거범죄로 어떤 종류의 형벌을 얼마만큼 선고받은 경우 후보자의 당선을 무효로 할 것인가 하는 기준의 문제는 그 나라의 역사와 정치문화, 선거풍토와 선거문화의 수준 등을 고려하여 입법자가 결정할 문제이고, 이 사건과 같은 경우 벌금액수의 최저한을 어느 정도로 설정해야 최소침해성의 원칙을 충족한다고 볼 수 있을지 산술적으로 평가하는 것도 매우 어려운 점, 후보자 본인의 선거관련 범죄가 행해진 경우의 벌금 하한은 100만 원(공직선거법 제264조)이나 이 사건 법률조항은 후보자 본인의 범죄로 인한 것이 아니므로 그 하한을 상향 조정하여 300만 원으로 규정한 점, 배우자에 대한 형사재판에서 법관이 여러 가지 사정을 종합하여 합리적으로 양형을 할 수 있는 점 등에 비추어 보면, 당선무효의 효과를 가져오는 배우자의 선고형의 하한을 벌금 300만 원으로 정한 것이 입법재량의 범위를 현저히 일탈한 것이라고 할 수도 없다. [···] 따라서 **최소침해성원칙도 충족한다**.

③ 비록 이 사건 법률조항에 의해 침해되는 사익이 공무담임권의 박탈로 결코 가볍지는 않다고 할지라도 이 사건 법률조항이 추구하는 깨끗하고 공명한 선거의 보장이라는 공익의 무게와 비교하여 더 중대하다고 볼 수는 없어, **법익균형성 요건도 충족한다** 할 것이다.

● 공무원 시험에서 제대군인에게 가산점을 부여하는 '제대군인가산점제도'가 비제대군인(특히 여성 및 신체장애자)의 평등권 및 공무담임권 등을 침해하는지 여부가 다투어진 사건에서 헌법재판소는 제대군인가산점제도가 '제대군인의 사회복귀 지원'이라는 목적 달성에 도움 되는 수단이어서 **수단의 적합성원칙**은 충족한다고 볼 수 있겠지만, "제대군인에 대한 지원책으로는 취업알선, 직업훈련이나 재교육 실시, 교육비에 대한 감면 또는 대부, 의료보호 등과 같은 지원책"을 통해서 제대군인의 사회복귀를 지원하는 방법도 있음에도 불구하고 "공무원채용시험의 경쟁률이 매우 치열하고 합격선도 평균 80점을 훨씬 상회하고 있으며 그 결과 불과 영점 몇 점 차이로 당락이 좌우되고 있는 현실에서 각 과목별

득점에 각 과목별 만점의 5퍼센트 또는 3퍼센트를 가산함으로써 합격여부에 결정적 영향을 미쳐 가산점을 받지 못하는 사람들을 6급이하의 공무원 채용에 있어서 실질적으로 거의 배제하는 것과 마찬가지의 결과를 초래하고 있고, 제대군인에 대한 이러한 혜택을 몇 번이고 아무런 제한 없이 부여함으로써 한 사람의 제대군인을 위하여 몇 사람의 비(非)제대군인의 기회가 박탈당할 수 있게 하는" 제대군인가산점제도는 비제대군인의 공무담임권에 대한 중대한 제약으로서 작용한다는 점에서 **수단의 최소성원칙**을 충족할 수 없을 뿐만 아니라, "가산점제도가 추구하는 공익은 입법정책적 법익에 불과"하나 "가산점제도로 인하여 침해되는 것은 헌법이 강도높게 보호하고자 하는 고용상의 남녀평등, 장애인에 대한 차별금지라는 헌법적 가치"라는 점, 그리고 법익의 일반적, 추상적 비교의 차원에서 보거나, 차별취급 및 이로 인한 부작용의 결과가 심각한 점 등을 고려할 때, "가산점제도는 법익균형성을 현저히 상실한 제도"로서 **수단의 균형성원칙**도 충족하지 못해서 비례성원칙에 위반되었다는 취지에서 이 사건 심판대상인 "제대군인지원에관한법률(1997. 12. 31. 법률 제5482호로 제정된 것) 제8조 제1항, 제3항 및 동법시행령(1998. 8. 21. 대통령령 제15870호로 제정된 것) 제9조는 헌법에 위반된다."라고 결정했습니다(헌재 1999. 12. 23. 98헌마363, 판례집 11-2, 770쪽 이하).

43. 헌법 제37조 제2항 "본질적인 내용을 침해할 수 없다" :
본질내용침해금지

인권관계에서 '법률' 혹은 '법률에 근거한'(즉, "법률로써") 국가의 인권제약행위가 "국가안전보장·질서유지 또는 공공복리"에 부합되는 목적을 겨냥한 것으로서 "필요한 경우에 한하여" 행해진 것이라고 하더라도, 해당 인권제약행위는 "자유와 권리의 본질적인 내용을 침해할 수 없다"는 점을 헌법 제37조 제2항 후단이 명시하고 있습니다. 즉 인권관계에서 설사 공익적 요청이 아주 중요하고 커서 인권을 제한해야 할 필요성이 아무리 크다고 하더라도, 해당 인권의 본질적인 내용까지도 후퇴시키거나 훼손하는 국가의 인권제약행위는 헌법상 허용될 수 없는 인권침해가 된다는 것입니다.

바로 이러한 점에서 헌법 제37조 제2항에 근거하는 '본질내용침해금지'는 (법률이 정하는 바에 의하여 인권적 가치의 훼손은 원칙적으로 가능하다는 혹은 불가피할 수밖에 없다는 전제에서 출발하지만, 그럼에도 불구하고 이 경우 국가는 해당 인권적 가치의 최소치 Minimum만큼은 절대적으로 구현되도록 작위행위 또는 부작위행위를 해야 한다는 의미에서) 인권관계에서 국가행위의 최소치 내지는 하한과 관련된 의무인 '국가의 보호의무'* 위반여부를 살피는 핵심적 심사기준이라고 할 수 있습니다.

관련하여 우리 헌법재판소 또한 "헌법 제37조 제2항은 국민의 모든 자유와 권리는 국가안전보장·질서유지 또는 공공복리를 위해 필요한 경우에 한하여 법률로써 제한할 수 있으며, 제한하는 경우에도 자유와 권리의 본질적 내용을 침해할 수 없도록 규정하였다. 이는 헌법에서 부여한 기본권을 법률로 그 범위를 제한할 수는 있으되, 제한하여야 할 현실적인 필요성이 아무리 큰 것이고 또 강조될 것이라 하더라도 기본권을 근본적으로 잃게 하는 본질적 내용을 침해하는 기본권 제한입법은 허용되지 아니함을 뜻한다."**라고 판단한 바 있습니다.

문제는 과연 무엇이 기본적 인권(기본권: 자유와 권리)의 본질 내용인가 하는 점입니다. 일반적으로 기본권의 본질적 내용은 "만약 이를 제한하는 경우에는 기본권 그 자체가 무의미하게 되는 기본권의 근본요소"*** 내지는 "핵이 되는 실질적 요소"**** 혹은 절대적으로 침해할 수 없는 핵심영역, 보호되어야 할 최후

---

* 절 번호 34 참조.
** 헌재 1991. 7. 22. 89헌가106, 판례집 3, 433쪽.
*** 헌재 1996. 1. 25. 93헌바5등, 판례집 8-1, 34쪽; 헌재 1995. 4. 20. 92헌바29, 판례집 7-1, 509쪽.
**** 헌재 1989. 12. 22. 88헌가13, 판례집 1, 373쪽.

의 보루eine letzte Schutzbastion* 등으로 이해되고 있지만, 결국 인권의 본질내용은 일괄적으로 파악될 수 있는 것이 아니라 구체적인 인권관계에서 문제 되는 개별 인권마다 달리 정해질 수밖에 없을 것입니다.**

다만 인권심사기준으로서 '본질내용침해금지'는 개별사건의 구체적 상황과 무관하게 특정 인권제약행위 후에도 해당 인권이 형해화形骸化되거나 유명무실해지지 않을 수 있도록 자유와 권리의 일정부분만큼은 반드시 남아 있을 것을 요청한다는 점에서, 형벌을 통한 생명의 박탈을 허용하고 있는 우리 법체계 내의 많은 법률조항들***은 인권관계에서 본질내용침해금지를 요청하는 헌법 제37조 제2항 후단에 위반된다고 생각합니다.**** 따라서 현재 우리 법체계 내에 존재하고 있는 사형은

---

* Klaus Stern, *Das Staatsrecht der Bundesrepublik Deutschland*, Bd. Ⅲ/2, München, 1994, S. 866.
** 헌재 1995. 4. 20. 92헌바29, 판례집 7-1, 509쪽.
*** 우리 법체계 내에서 사형을 근거 지우고 있는 법률조항들은 적지 않습니다. 형법과 특별형법을 합치면 전체 사형규정은 149개, 그 중에서 다른 형벌 없이 오직 사형만을 법정형으로 두고 있는 경우도 16개나 됩니다(배종대, 『형법총론』(제13판), 홍문사, 2017, 570~571쪽).
**** 물론 헌법은 비상계엄 아래에서의 군사재판과 관련하여 사형을 선고할 수 있는 가능성을 징표하고 있는 조항(헌법 제110조 ④비상계엄하의 군사재판은 군인·군무원의 범죄나 군사에 관한 간첩죄의 경우와 초병·초소·유독음식물공급·포로에 관한 죄 중 법률이 정한 경우에 한하여 단심으로 할 수 있다. 다만, 사형을 선고한 경우에는 그러하지 아니하다.)을 마련해 두고 있긴 합니다. 하지만 이 조항에 근거해서 사형제도가 원칙

특단의 사정이 아닌 한, '가석방이 허용되는 종신형'으로 대체되는 것이 바람직할 것입니다.* 같은 맥락에서 형법상 사형제도에 대해 "헌법에 위반되지 아니한다"라고 판단한 헌법재판소의 입장**은 앞으로 수정될 필요가 있다고 봅니다.

적으로 허용되는 것이라고 주장하거나 혹은 적극적으로 사형을 옹호하는 것은 타당하지 않다고 생각합니다. 왜냐하면 헌법 제110조 제4항은 '비상계엄 아래 군사재판'이라는 제한적 상황에서 예외적으로 사형제도의 도입가능성을 열어두고 있는 것이기 때문입니다(특히 허완중, 「사형제도의 위헌성」, 『법학논총』 38-1, 전남대학교 법학연구소, 2018, 117~118쪽 참조). 이러한 점에서 사형제도의 위헌성여부와 관련하여 "사형제도는 헌법 제110조 제4항 단서에 해당되는 경우에 적용하면 헌법에 위반된다고 할 수 없지만, 헌법 제110조 제4항 단서에 해당되지 않는 경우에 적용하면 생명권을 침해할 정당한 사유도 없이 생명권의 본질적인 내용을 침해하는 것으로서 헌법 제37조 제2항에 위반된다."라고 판단한 헌법재판관 조대현의 의견(일부위헌의견)을 참고해도 좋겠습니다(헌재 2010. 2. 25. 2008헌가23, 판례집 22-1상, 76~78쪽).

* 가석방 없는 절대적 종신형제도를 인정하는 것은 수형자의 신체의 자유(헌법 제12조 제1항)의 본질내용을 침해할 수 있고 수형자의 사회복귀를 전제하는 자유형 사상과 원칙적으로 모순되기 때문에 설사 종신형을 선고받은 사람이라고 하더라도 다시 자유를 회복할 기회가 남아 있어야 할 것입니다. 따라서 '가석방 없는 종신형'은 원칙적으로 위헌으로 평가되어야 합니다(Vgl. BVerfGE 45, 192ff.).

** 헌재 1996. 11. 28. 95헌바1, 판례집 8-2, 537쪽 이하; 헌재 2010. 2. 25. 2008헌가23, 판례집 22-1상, 36쪽 이하.

관련 판례

● 헌법재판소는 형의 종류로 사형을 마련해두고 있는 형법 제41조 제1호의 위헌여부를 판단하면서 "생명권에 대한 제한은 곧 생명권의 완전한 박탈을 의미한다 할 것이므로, 사형이 비례의 원칙에 따라서 최소한 동등한 가치가 있는 다른 생명 또는 그에 못지아니한 공공의 이익을 보호하기 위한 불가피성이 충족되는 예외적인 경우에만 적용되는 한, 그것이 비록 생명을 빼앗는 형벌이라고 하더라도 헌법 제37조 제2항 단서에 위반되는 것으로 볼 수는 없다 할 것이다."라고 했습니다(헌재 1996. 11. 28. 95헌바1, 판례집 8-2, 546쪽).

하지만 사형을 "생명권의 완전한 박탈"로 이해하면서도, 비례의 원칙에 위반되지 않을 경우에는 "헌법 제37조 제2항 단서에 위반되는 것으로 볼 수는 없다"라는 결론을 도출하고 있는 헌법재판소의 태도는 ① 헌법 제37조 제2항을 "헌법에서 부여한 기본권을 법률로 그 범위를 제한할 수는 있으되, 제한하여야 할 현실적인 필요성이 아무리 큰 것이고 또 강조될 것이라 하더라도 기본권을 근본적으로 잃게 하는 본질적 내용을 침해하는 기본권 제한입법은 허용되지 아니함"으로 이해한 선행 결정(헌재 1991. 7. 22. 89헌가106, 판례집 3, 433쪽)의 입장과도 배치되는 것일 뿐만 아니라, ② 헌법 제37조 제2항 후단에 근거하는 '본질내용침해금지' 위반여부를 헌법 제37조 제2항 전단 "필요한 경우에 한하여"로부터 도출되는 비례성원칙 위반여부를 통해서 판단한 것이란 점에서 양자를 달리 규정하고 있는 우리 헌법 문언의 태도와도 일치하지 않으며, 무엇보다도 ③ "생명권의 완전한 박탈"이 생명권의 본질내용의 침해가 아닐 수 있다는 주장과 다름 아니라는 점에서 도저히 납득하기 어려운 결론이라고 생각합니다.

관련하여 이 사건에서 "사형제도는 생명권의 본질적 내용을 침해하는 생명권의 제한이므로 헌법 제37조 제2항 단서에 위반된다. 가사 헌법 제37조 제2항 단서상의 생명권의 본질적 내용이 침해된 것으로 볼 수 없다고 가정하더라도, 형벌의 목적은 응보 · 범죄의 일반예방 · 범죄인의 개선에 있음에도 불구하고 형벌로서의 사형은 이와 같은 목적달성에 필요한 정도를 넘어 생명권을 제한하는 것으로 목적의 정당성, 그 수단으로서의 적정성 · 피해의 최소성 등 제원칙에 반한다."라고 판단한 **조승형 헌법재판관의 반대의견**이나(헌재 1996. 11. 28. 95헌바1, 판례집 8-2, 555~565쪽), 형법 제41조 제1호의 위헌여부가 문제된 다른 사건(헌재 2010. 2. 25. 2008헌가23, 판례집 22-1상, 36쪽 이하)에서 "사형제도는 인간의 존엄과 가치를 천명하고 생명권을 보장하는 우리 헌법 체계에서는 입법목적 달성을 위한 적합한 수단으로 인정할 수 없고, 사형제도를 통하여 확보하고자 하는 형벌로서의 기능을 대체할 만한 가석방 없는 무기자유형 등의 수단을 고려할 수 있으므로 피해의 최소성 원칙에도 어긋나며, 사형 당시에는 사형을 통해 보호하려는 타인의 생명권이나 중대한 법익은 이미 그 침해가 종료되어 범죄인의 생명이나 신체를 박탈해야 할 긴급성이나 불가피성이 없고 사형을 통해 달성하려는 공익에 비하여 사형으로 인하여 침해되는 사익의 비중이 훨씬 크므로 법익의 균형성도 인정되지 아니한다. 또한 사형제도는 이미 중대 범죄가 종료되어 상당 기간이 지난 후 체포되어 수감 중인, 한 인간의 생명을 일정한 절차에 따라 빼앗는 것을 전제로 하므로, 생명에 대한 법적 평가가 필요한 예외적인 경우라고 볼 수 없어 생명권의 본질적 내용을 침해하고, 신체의 자유의 본질적 내용까지도 침해한다."라고 판단한 **헌법재판관 김희옥의 의견**이나 "사형제도는 범죄억제라는 형사정책적 목적을 위해 사람의 생명을 빼앗는 것으로 생명권을 침해하여 헌법에 위반되나, 지금의 무기징역형은 개인의 생명과 사회의 안전의 방어라는 점에서 사형의 효력을 대체할 수 없으므로, 가석방이나 사면 등의 가능성을 제한하는 최고의 자유형이 도입되는 것을 조건으로 사형제도는 폐지되어야 한다."는 **헌법재판관 김종대의 의견** 혹은 "사형제도는 사회로부터 범죄인을 영원히 배제한다는 점 이외에는 형벌의 목적에 기여하는 바가 결코 명백하다고 볼 수 없고, 우리나라는 국제인권단체로부터 사실상의 사형폐지국으로 분류되고 있어 사형제도가 실효성을 상실하여 더 이상 입법목적 달성을 위한 적절한 수단이라고 할 수 없으며, 절대적 종신형제 또는 유기징역제도의 개선 등 사형제도를 대체할 만한 수단을 고려할 수 있음에도, 생명권을 박탈하는 것은 피해의 최소성 원칙에도 어긋나고, 사형을 통해 침해되는 사익은 범죄인에게는 절대적이고 근원적인 기본권인 반면, 이를 통해 달성하고자 하는 공익은 다른 형벌에 의하여 상당 수준 달성될 수 있어 공익과 사익 간에 법익의 균형성이 갖추어졌다고 볼 수 없으며, 인간의 존엄과 가치에 위배되며, 직무상 사형제도의 운영에 관여하여야 하는 사람들로 하여금 그들의 양심과 무관하게 인간의 생명을 계획적으로 박탈하는 과정에 참여하게 함으로써, 그들의 인간으로서 가지는 존엄과 가치 또한 침해한다."고 한 **헌법재판관 목영준의 의견** 등도 참고할 수 있겠습니다 (헌재 2010. 2. 25. 2008헌가23, 판례집 22-1상, 80~85쪽, 86~91쪽, 94~98쪽).

● 헌재 1989. 12. 22. 88헌가13, 판례집 1, 373쪽: "토지재산권의 본질적인 내용이라는 것은 토지재산권의 핵이 되는 실질적 요소 내지 근본요소를 뜻하며, 따라서 재산권의 본질적인 내용을 침해하는 경우라고 하는 것은 그 침해로 사유재산권이 유명무실해지고 사유재산제도가 형해화(形骸化)되어 헌법이 재산권을 보장하는 궁극적인 목적을 달성할 수 없게 되는 지경에 이르는 경우라고 할 것이다."

● 헌재 1995. 9. 28. 92헌가11등, 판례집 7-2, 278쪽: "재판이라 함은 구체적 사건에 관하여 사실의 확정과 그에 대한 법률의 해석적용을 그 본질적인 내용으로 하는 일련의 과정이다. 따라서 법관에 의한 재판을 받

을 권리를 보장한다고 함은 결국 법관이 사실을 확정하고 법률을 해석·적용하는 재판을 받을 권리를 보장한다는 뜻이고, 그와 같은 법관에 의한 사실 확정과 법률의 해석적용의 기회에 접근하기 어렵도록 제약이나 장벽을 쌓아서는 아니 된다고 할 것이며, 만일 그러한 보장이 제대로 이루어지지 아니한다면 헌법상 보장된 재판을 받을 권리의 본질적 내용을 침해하는 것으로서 우리 헌법상 허용되지 아니한다(헌법 제37조 제2항)."

● 헌재 2010. 10. 28. 2008헌마514 등, 판례집 22-2하, 191~192쪽: "보상액의 산정에 기초되는 사실인정이나 보상액에 관한 판단에서 오류나 불합리성이 발견되는 경우에도 그 시정을 구하는 불복신청을 할 수 없도록 하는 것은 형사보상청구권 및 그 실현을 위한 기본권으로서의 재판청구권의 본질적 내용을 침해하는 것이라 할 것이고, 나아가 법적 안정성만을 지나치게 강조함으로써 재판의 적정성과 정의를 추구하는 사법제도의 본질에 부합하지 아니하는 것이라 할 것이다. […] 이 사건 불복금지조항은 헌법이 보장하는 형사보상청구권 및 그 실현을 위한 기본권인 재판청구권의 본질적 내용을 침해하는 것으로서 헌법에 위반된다 할 것이다."

44. 보충 : 그 밖의 인권심사기준들[*]

지금까지 인권실천의 계기인 인권침해상황 내지는 인권침해를 판단하기 위한 주요한 기준들인 법률유보원칙·목적의 정당성·비례성원칙·본질내용침해금지 등이 집약되어 있는 헌법 제37조 제2항의 내용을 간략하게 살펴보았습니다. 하지만 이러한 심사기준들 외에도 인권관계에서 심사대상인 국가행위를 통제하기 위한 다양한 기준들이 헌법 곳곳에 직·간접적으로 마련되어 있습니다.

심사대상인 국가행위(인권제약행위)의 실질적 내용(알맹이)을 담아내고 있는 형식(껍데기)이 '정당한 권한 있는 자의 정당한 권한범위 안'에서 '정당한 절차'에 따라 '헌법에 부합되는 형태'로 만들어져 있는지 여부를 판단하기 위한 형식적 심사기준(권한·절차·형태에 관한 심사기준)들 —— 예컨대 입법권수권과 관련하여 피수권기관 및 피수권규범 특정을 위한 기본원칙(제75조·제95조·제108조·제113조 제2항·제114조 제6항), 의회유보원칙(제40조), 포괄위임금지원칙(제75조), 법률정립절차 및 형태와

---

[*] 이 절에서는 인권심사와 관련하여 더 풍부하고 더 깊은 공부를 계획하고 있는 독자들을 위한 안내로서, 헌법 곳곳에 산재해 있는 각종 인권심사기준들을 간단히 적시해 보았습니다. 따라서 생소한 용어나 복잡한 사항들의 갑작스러운 등장으로 인해서 당혹감이나 어려움을 느끼는 독자들은 아래 내용을 건너뛴 다음, 바로 다음 목차(Ⅱ. 인권실천의 방식과 한계)로 넘어가도 좋겠습니다.

관련된 각종 규준들(제47조·제49조·제50조·제51조·제52조·제53조
·제82조·제89조 제3호) 등등──을 비롯하여, 자기책임의 원칙
(제13조 제3항), 평등원칙(제11조 제1항), 적법절차원칙(제12조 제
1항 및 제3항), 고문금지(제12조 제2항), 영장주의(제12조 제3항·제
16조), 체포·구속 관련 고지 및 통지제도(제12조 제5항), 자백의
증거능력 제한 및 자백보강법칙(제12조 제7항), 범죄행위 소추와
관련하여 행위시법원칙(제13조 제1항 전단), 이중처벌금지원칙
(제13조 제1항 후단), 소급입법에 의한 참정권의 제한 및 재산권
박탈의 금지(제13조 제2항), 무죄추정원칙(제27조 제4항), 언론·출
판의 자유와 관련하여 허가 및 검열금지(제21조 제2항), 집회·결
사의 자유와 관련하여 허가금지(제21조 제2항), 재산권과 관련하
여 정당보상의무(제23조 제3항), 일정한 선거와 관련된 선거원칙
(제41조 제1항·제67조 제1항) 및 헌법에 내재된 이념인 법치주의
로부터 파생되는 명확성원칙이나 신뢰보호원칙 등등과도 같은
실질적 심사기준들이 바로 그것입니다.

물론 이러한 심사기준들이 언제 어떤 구조 속에서 어떤 방식
으로 활용되어 인권관계에서 심사대상인 국가행위를 어떻게
통제할 수 있는지에 관한 문제는 많은 시간과 함께 아주 정교

하고 면밀한 검토를 요구하는 전문적인 활동이란 점에서,* 짧은 시간 동안 인권일반론에 관한 전반적인 사항을 다루어야 하는 일회적 특강인 이 강의에서 충분히 말씀드리는 것은 어려울 뿐만 아니라 적절하지도 않을 것입니다. 하지만 분명한 것은 심사대상인 국가의 인권제약행위가 이러한 심사기준들 중 단 하나의 심사기준에 위반된다고 하더라도, 해당 국가행위는 위헌이라는 평가(즉 인권침해라는 평가)를 면치 못한다는 점입니다.

따라서 각각의 인권심사기준들 하나하나가 모두 소중합니다. 만약 인권심사과정에서 특정 인권심사기준이 간과되거나 혹은 인권심사기준들 상호간 분별없는 중첩 적용이 발생하여 심사기준들 각각이 갖고 있는 나름의 고유성과 독자성이 상실되거나 무뎌진다면, 이는 단순히 폭력독점자인 국가에 맞설수 있는 중요한 무기 하나를 잃어버리는 것으로 그치지 않습니다. 인권심사기준들이 제 기능을 못하게 되면 인권을 통해서 보장받을 수 있는 우리 생활영역이 축소될 것이며, 나아가 주권자인 우리가 국가목적달성을 위한 수단으로 전락되는 계기들이 부지불식간에 차곡차곡 축적될 것입니다. 그러므로 각각의 인권심사기준들 하나하나를 모두 정교하고 예리하게 벼리고,

---

* 이에 관한 더 깊이 있는 이해를 위해서는 특히 김해원, 『기본권심사론』, 박영사, 2018.

야무지고 튼튼하게 담금질해서 우리의 존엄을 위해 노력하지 않거나 경시하는 국가권력에 맞서는 노력을 게을리 해서는 안 됩니다. 바로 이것이 인권옹호자로서 가져야 할 기본적 입각점이자 인권실천의 본질적 출발이며, 정치공동체의 주인인 주권자의 자세이기도 합니다.

바로 이러한 맥락에서 인권심사기준을 '정치권력과의 대결 과정에서 승리하여 주권자로 거듭난 국민이 권력으로부터 쟁취해낸 전리품과도 같은 인권이 시간이 지나면서 차츰 공허한 추상적 관념으로 퇴색하거나 권력의 장식품으로 부패하는 것을 제어하고, 구체적 현실에서 인권을 실효적으로 원용할 수 있도록 만드는 실천적 도구 혹은 권력을 겨냥한 무기'라고 평가해도 무방할 것입니다. 실제로 인권심사기준과 결부되지 않은 인권은 정치적 구호 내지는 수사에 그칠 뿐입니다.

따라서 더 깊이 있는 인권공부를 염두에 두고 있는 분들은 물론이고, 구체적 현실에서 세심하고 질서 정연한 인권실천을 계획하고 있는 분들 또한 헌법에 마련된 각각의 인권심사기준들을 체계적이고 효율적이면서 적확하게 활용할 수 있는 능력을 갖추는 데 관심을 가졌으면 좋겠습니다. 이러한 능력을 함양하기 위해서는 무엇보다도 인권관련 헌법재판소 결정들을 꾸준히 그리고 꼼꼼하게 살펴보는 것이 도움 될 것입니다. 왜냐하면 헌법재판소 결정들을 통해서 대한민국이라는 정치공동체 내에서 치열하게 다투어졌거나 쟁점이 되고 있는 인권문제들의 근본적인 지형을 조망할 수 있을 뿐만 아니라, 헌법적 논증의 대표자라고 할 수 있는 헌법재판관들이 인권심사기준들을 언제 어떤 구조 속에서 어떻게 활용하고 있는지도 엿볼 수 있기 때문입니다.

나아가 좀 더 맑고 밝은 눈을 갖추고 있다면, 헌법재판소 결정의 한계 내지는 문제점 또한 발견할 수 있을 것입니다. 다만 이를 위해서는 '헌법재판소의 결정 그 자체는 헌법이 아니라, 헌법을 통해서 통제받아야 하는 공권력기관들 중의 하나인 헌법재판소가 행한 판단의 결과물'에 지나지 않는다는 점을 인식하고 (헌법적 차원의 권리인 인권과 헌법에 마련된 인권심사기준들에 기대어) 헌법재판소에서 행해진 논증들을 비판적 관점에서 살펴보는 연습을 함께 하는 것이 필요합니다. 바로 이러한 맥락에서 법률유보원칙·목적의 정당성·비례성원칙·본질내용침해금지 등과 같이 헌법 제37조 제2항으로부터 도출되는 대표적 인권심사기준들을 설명하면서 관련된 몇몇 판례들을 언급했던 것입니다.

Ⅱ. 인권실천의 방식과 한계

헌법현실에서 인권민주주의의 길

45. 인권침해에 대한 대응방식으로서 인권실천의 두 양상

구체적으로 문제 된 인권관계에서 심사대상인 특정 국가행위를 인권심사기준에 기대어 평가하는 활동(인권심사)을 통해서 인권침해우려상황 내지는 인권침해가 확인되었다면, 그에 대한 대응방식으로서 인권실천이 본격적으로 주목받게 됩니다. 그런데 인권실천의 양상은 크게 '심사대상인 국가행위를 대체할 수 있는 더 좋은 다른 제도나 새로운 국가행위를 모색하여 이를 구현하려는 적극적 방법'과 '심사대상인 국가행위에 대해서 위헌을 선언하여 그 효력을 상실케 하거나 해당 국가행위를 배척하는 소극적 방법'으로 대별할 수 있습니다. 전자인 적극적 인권실천은 주로 정치적 차원에서, 후자인 소극적 인권실천은 주로 사법적 차원에서 선택됩니다. 양자 모두 헌법적 차원의 권리인 인권의 가치를 구체적으로 실현해나가는 과정이란 점에서는 동일하지만, 그러한 과정에서 특히 경계해야 할 사항과 인권심사의 대상인 국가행위를 평가하는 강도에서 양자는 일정한 차이가 있습니다. 양자의 차이점에 주목해서 각각을 간단히 살펴봅시다.

46. 적극적 인권실천

적극적 인권실천은 '인권심사를 통해서 심사대상인 국가의 인권제약행위가 인권침해로 판단된 경우는 물론이고 설사 합헌적인 인권제한으로 평가될 수 있다고 하더라도, 문제 된 해당 인권제약행위를 더욱 인권 친화적으로 개선할 수 있는 더 좋은 방안이나 새로운 대안을 적극적으로 발굴하거나 고안하여, 이를 실효적으로 구현하기 위해 애쓰는 과정'입니다. 그런데 현행 헌법체제를 부정할 것이 아니라면, 우리에게 있어서 이러한 과정은 민주주의에 기대어 행해질 수밖에 없습니다. 왜냐하면 민주공화국인 대한민국(헌법 제1조 제1항)이라는 정치공동체 내에서 행해지는 각종 가치들의 권위적 배분이나 새로운 제도의 도입 및 이를 구체적으로 실현하는 행위 등은 결국 민주주의에 기대어 그 정당성과 실효성이 확보되기 때문입니다.

문제는 민주주의Demokratie는 기본적으로 가치상대주의에 입
각한 다수에 의한 지배라는 점에서, 다수가 동의하면 개인의
생명도 앗아갈 수 있으며 심지어 가장 심각한 인권파괴상황
이라고 할 수 있는 전쟁까지도 정당화할 수 있는 정치체제라
는 점입니다. 굳이 민주주의 체제 내에서 급성장하여 집권까
지 했던 독일의 나치당NSDAP —— 민족사회주의 독일노동자당
Nationalsozialistische Deutsche Arbeiterpartei —— 이 인종을 학살하고 전
쟁을 일으킨 역사를 언급하지 않더라도, 다수 국민에 의해 선출
된 국회의원으로 구성된 국회가 민주적 절차를 통해서 사람의
생명을 박탈할 수 있는 사형 제도를 마련하고 이를 계속 유지하
고 있는 현실과 다수결원칙에 입각하여 국민으로부터 직접 선
출된 대통령에게 전쟁을 선포할 수 있는 권한을 부여하고 있는
현행 헌법의 태도* 등을 통해서도 민주주의를 통한 반인권적 조
치들이 가능하다는 점을 뚜렷하게 확인할 수 있습니다. 바로 이
러한 점에서 다수에 의한 지배가 관철되고 있는 오늘날 민주주
의는 인권을 위협하는 가장 강력한 계기라고 할 수 있습니다.

---

* 관련하여 헌법은 제60조 제2항에서 "국회는 선전포고, 국군의 외국에의 파견 또는 외
  국군대의 대한민국 영역 안에서의 주류에 대한 동의권을 가진다."라고 하면서, 제73조
  에서 "대통령은 조약을 체결·비준하고, 외교사절을 신임·접수 또는 파견하며, 선전포
  고와 강화를 한다."라고 규정하고 있습니다.

따라서 더 높은 수준의 인권적 가치를 현실에서 실현하기 위해 더 나은 구체적 방안을 빠르고 확고하게 구축하려는 적극적 인권실천가들은 (민주주의를 배척하거나 소수에 의한 지배를 받아들일 것이 아니라면) 인권을 위한 자신의 실천이 인권을 위협할 수 있는 가장 강력한 계기인 민주주의와 결합되어 있다는 점을 뚜렷하게 인식하고, 인권과 민주주의가 충돌하는 현실에서는 대체로 다수의 힘을 확보한 민주주의의 승리로 귀결되고 있다는 점——더 정확히 말한다면, 아무리 고귀한 인권적 가치라고 하더라도 다수의 지지를 받지 못한다면 다수에 의한 지배(즉 민주주의)가 관철되는 현실에서는 대부분 망실될 수밖에 없다는 점——을 인정하는 것이 중요합니다. 그래야만 민주주의에 대한 신뢰와 인권에 대한 신념이 불일치하는 시련의 시대가 닥친다고 하더라도 좌절하지 않고, 인권적 가치를 옹호하는 새로운 다수를 형성하기 위한 실천을 꾸준히 계속해나갈 수 있기 때문입니다.

47. 적극적 인권실천과 인권심사

한편 적극적 인권실천을 염두에 둔 경우에 행해지는 인권심사에서는 인권심사기준들을 가급적 엄격하게 활용해서 심사대상인 국가의 인권제약행위를 강하게 통제하려고 노력할 필요가 있습니다. 만약 인권관계에서 심사대상인 국가행위에 대한 심사강도(통제강도)를 완화해서 해당 국가행위의 위헌성을 드러내는 데 인색하거나 혹은 해당 국가행위를 칭송 내지는 정당화하기 위한 수단으로 인권심사를 활용하게 되면, 더 좋은 인권현실을 만들기 위해 노력하고 끊임없이 애쓰는 과정으로서의 인권실천의 기반은 약화되거나 상실될 것이기 때문입니다.

실제로 현재 합의된 인권보장수준보다도 더 좋은 최고의 인권현실을 추구하는 적극적 인권실천가들은 정립된 법규범을 치밀하게 활용해서 심사대상인 국가행위를 평가하기보다는, 이상적 차원에서 현재 주어져 있는 국가행위의 문제점과 한계를 지적하거나 '설사 해당 국가행위가 위헌은 아닐 수 있다고 하더라도 인권보장이라는 헌법정신을 옹골지게 구현하는 데에는 미흡함이 있으므로 새로운 조취를 취해야 한다'고 하면서 더 좋은 대안을 구축하는 활동에 동참을 요청하며 대중들에게 지지와 성원을 호소하는 경향이 강합니다. 왜냐하면 심사대상인 국가행위는 물론이고 법규범 또한 엄격히 말한다면 기존 합의 상태의 반영물에 지나지 않기 때문입니다.

바로 이러한 점에서 적극적 인권실천은 민주주의에 기대어 이상적 인권상황을 현실화하기 위한 '정치'라고 해도 과언이 아닐 것입니다. 따라서 민주주의에 기초해서 주권자인 국민으로부터 정치권력을 부여받은 대통령이나 국회(의원) 등과 같은 적극적 국가기관은 물론이고 이러한 국가기관을 지도·조종하고자 하는 적극적 인권실천가들이 현실적·규범적 조건과 어려움 등을 이유로 이상적 인권상황을 현실화하기 위한 노력을 단념하고 단지 위헌인 인권침해만 해소되면 족하다는 문제의식에 머물러 있거나 인권심사에서 심사강도를 높이는 노력을 소홀히 한다면, 최고를 위해서 최선의 노력을 기울여야 할 자신의 역할을 등한시하고 스스로의 무능을 증명하는 것과 다름 아니라는 점을 기억해야 합니다.

헌법적 평가에서 심사강도[*]

우리가 국가의 특정 행위를 심사대상으로 삼고 헌법을 심사기준으로 삼아서 심사대상인 국가행위가 헌법에 부합되는지 여부를 평가할 때, 심사기준인 헌법을 엄격하게 해석해서 헌법적 요구수준을 높게 설정할 수도 있겠지만, 그 반대로 헌법해석을 완화해서 헌법적 요구수준을 상대적으로 낮게 설정할 수도 있을 것입니다. 전자의 경우에는 문제 된 국가행위가 강력하게 통제되어 헌법에 반한다는 결론이 도출될 가능성이 상대적으로 높아지겠지만, 후자의 경우에는 문제 된 국가행위에 대해 위헌이라는 판단이 내려질 가능성이 상대적으로 줄어들게 됩니다.

예컨대 시험에서 80점을 받은 학생 A의 실력을 시험점수로 평가할 때 평가 기준점을 90점으로 설정하면 A의 실력이 부족하다고 평가할 수도 있겠지만, 반대로 평가 기준점을 50점으로 설정하면 A의 실력이 출중하다고 평가할 수 있는 것과 같은 이치입니다. 특히 전자와 같이 평가기준을 상대적으로 엄격하게 설정한 경우에는 90점이 넘어야 비로소 실력이 부족하다는 평가를 받지 않을 수 있겠지만, 후자의 경우에는 50점만 넘어도 실력이 부족하다는 평가로부터 벗어날 수 있게 됩니다.

그런데 무엇을 평가함에 있어서 평가기준(심사기준)을 구체적으로 적용하여 심사대상을 얼마나 강력하게 통제할 것인가와 관련된 문제, 즉 평가정도 내지는 심

---

[*] 이하 내용은 김해원, 『헌법개정 ― 개헌의 이론과 현실』, 한티재, 2017, 79~81쪽.

사강도(통제강도)에 관한 문제는 다른 법규범들보다 헌법을 심사기준으로 삼는 헌법적 평가의 경우에 더욱 중요한 의미를 갖습니다. 왜냐하면 추상성과 개방성 및 상반규범성을 그 규범적 특징으로 하는 헌법은 다른 법규범들에 비해서 해석을 통한 보완의 필요성이 훨씬 높기 때문입니다(이를테면 헌법은 대체로 '시험에서 좋은 점수를 받아야 한다' 혹은 '충분한 실력을 갖춘 학생이 되어야 한다' 등과 같은 방식으로 규율한다면, 다른 법규범들은 대체로 '시험에서 90점은 받아야 한다' 혹은 '시험에서 50점 미만을 받으면 실력이 부족한 학생이다' 등과 같은 방식으로 규율하고 있다는 것입니다.).

물론 헌법에도 "국회의원의 임기는 4년으로 한다." 혹은 "대통령의 임기는 5년으로 하며, 중임할 수 없다." 등과 같이 별다른 해석이나 구체화 작업이 크게 필요하지 않은 조항도 있습니다. 이 경우에는 "4년" 혹은 "5년" 등과 같은 기간을 더 엄격하게 혹은 더 완화해서 적용할 여지는 거의 없을 것인바, 심사강도와 관련된 문제는 크게 부각되지 않을 것입니다. 즉 더도 말고 덜도 말고 국회의원의 임기와 관련해서는 "4년", 대통령의 임기와 관련해서는 "5년"이 관철되어야만 각각 헌법 제42조와 헌법 제70조에 부합되는 것으로 평가될 수 있습니다. 하지만 헌법의 상당부분은 '관철되거나 관철되지 않거나'라는 양자택일의 물음을 던지는 규범—이러한 규범을 규범이론적으로는 규칙(Regel)이라고 합니다—이 아니라, '구체적인 헌법현실에서 어느 정도로 실현되어야 하는가?'라는 물음을 남기고 있는 규범—이러한 규범을 규범이론적으로는 원칙(Prinzip)이라고 합니다—으로 구성되어 있습니다.

예컨대 헌법은 제4조에서 "대한민국은 통일을 지향하며, 자유민주적 기본질서에 입각한 평화적 통일 정책을 수립하고 이를 추진한다."라고 규정하는데 통일 정책이 어느 정도로 수립되고 추진되어야 "통일을 지향"하는 것이며 "자유민주적 기본질서에 입각한" 것이라고 평가될 수 있는지, 혹은 헌법 제5조에서 "대한민국은 국제평화의 유지에 노력하고 침략적 전쟁을 부인한다."라고 되어 있는데 국제평화 유지행위를 어느 정도로 행해야 비로소 "노력"한 것으로 평가될 수 있으며, UN 평화유지군의 이름으로 분쟁지역에 전투병을 파병하는 행위는 "침략적 전쟁"을 수행하는 행위로 평가할 수 있는지, 혹은 헌법은 제10조에서 "국가는 개인이 가지는 불가침의 기본적 인권을 확인하고 이를 보장할 의무를 진다."라고 규율하고 있는데, 국가가 어느 정도로 의무를 이행해야 비로소 "확인" 및 "보장할 의무"가 준수되었다고 평가할 수 있는지, 혹은 헌법 제119조 제2항에서 "국가는 균형있는 국민경제의 성장 및 안정과 적정한 소득의 분배를 유지하고, 시장의 지배와 경제력의 남용을 방지하며, 경제주체간의 조화를 통한 경제의 민주화를 위하여 경제에 관한 규제와 조정을 할 수 있다."라고 규정하고 있는데 어느 정도의 규제와 조정이 "균형있는 국민경제의 성장과 안정"에 해당되며 "적정한 소득의 분배를 유지"하는 행위인지 등등이 바로 그것입니다.

따라서 헌법적 평가에 있어서 심사강도에 관한 문제는 심사기준으로 원용되는 헌법규범(헌법조항)을 어떻게 해석할 것인가 하는 문제와 더불어 헌법적 평가의 결과를 좌우하는 핵심적 요소라고 할 수 있습니다.

48. 소극적 인권실천

소극적 인권실천은 인권관계에서의 최대정의 내지는 이상적 인권보장을 지향하는 적극적 인권실천과는 달리, 반드시 관철되어야 마땅한 최소정의에 입각하여 현실적 인권수준의 후퇴를 강력하게 저지하고자 하는 활동입니다. 즉 미래의 인권상황을 기대하며 '가장 좋음'을 얻어내기 위해 애쓰는 과정으로서의 인권실천이 아니라, 현재의 인권상황이 과거로 퇴보하는 것을 경계하며 '가장 나쁨'을 확실하게 제거하고자 하는 동력으로서의 인권실천입니다.

따라서 인권관계에서 새로운 정책 내지는 대안적 국가행위를 제안하고 이를 구현하는 민주적 정치과정에서 부각되는 적극적 인권실천과는 달리, 소극적 인권실천은 법에 따른 국가권력행사를 의미하는 법치주의rule of law에 기대어 심사대상인 기존 국가행위에 대해 인권침해 내지는 위헌을 선언하고 그 효력을 강제적이고 종국적으로 상실시킬 수 있는 사법과정에서 두드러집니다. 왜냐하면 정치의 산물인 일반적·추상적 규범을 구체적 분쟁에 적용해서 규범의 구체적 의미를 확인한 후, 확인된 규범에 어긋나는 것을 규범에 따라 다스려 해당 분쟁을 종식시키고자 하는 활동이 사법이기 때문입니다.

49. 소극적 인권실천과 인권심사

그런데 인권관계에서 발생된 분쟁을 종국적으로 해결하는 헌법재판과 같은 사법과정에서 법치의 이름으로 심사기준인 헌법을 엄격하게 해석해서 심사강도를 높이면 높일수록, 국민에 의해서 직접 선출된 국회의원으로 구성된 국회나 대통령을 수반으로 하는 정부의 행위가 헌법에 위반되어 그 효력이 상실될 가능성이 높아진다는 점을 염두에 두어야 합니다. 이러한 가능성이 높아진다는 것은 선출되지 않은 사법관료에 의해서 국가의사가 실질적으로 결정될 가능성이 증대하는 것인바, 민주주의에 대한 큰 위협이 될 수 있기 때문입니다.

여러분들은 자신의 인권보장과 관련하여 국회의원 같은 정치인을 더 신뢰합니까? 아니면 사법공무원이라고 할 수 있는 헌법재판관이나 법관을 더 신뢰합니까? 선뜻 대답을 못 하는 분들이 많습니다. 물론 임명된 사법공무원보다 우리가 선출한 우리의 대표자인 국회의원을 더 신뢰한다고 말할 수 있으면 좋을 것입니다. 하지만 우리가 선뜻 '국회의원'이라고 대답하지 못하는 것은 헌법현실에서 정치영역이 정의롭고 정상적으로 작동되고 있지 않다는 인식 때문은 아닐까요? 정치적 문제는 정치를 통해서 풀어야 하는데 정치가 정상적으로 작동되지 않다 보니 많은 정치적 문제들이 사법심사의 대상이 되어서 법원이나 헌법재판소로 넘어오게 됩니다. 그 결과 정치적으로 민감한 문제들이 법관이나 헌법재판관 등과 같은 사법권자의 재판행위를 통해서 해결될 대상으로 전락해버리는 '정치의 사법화'가 유발되고, 민주주의가 왜곡될 가능성이 커집니다. 왜냐하면 '변화무쌍한 현실에서 대화와 타협 및 토론을 통해서 다양한 이해관계를 조율하여 최고의 혹은 최선의 대안을 적극적으로 찾아내고 이를 자율적이고 평화적으로 계속 구현하려는 정치적 과제'가 '공동체의 최소정의를 소극적이고 수동적이며 기존 질서에 따라서 보수적으로 확인하여 이를 구체적 분쟁에서 강제적이고 종국적으로 관철시키고자 하는 데 그치는 사법의 과제'로 대체된 것인바, 결국 임명된 사법 관료가 선출된 정치인의 역할을 실질적으로 갈음해버리는 것에 다름 아니기 때문입니다.

실제로 우리는 선출되지 않은 권력기관인 헌법재판소가 민주주의적 원칙에 따라 국민으로부터 직접 선출된 정치공동체의 최고 권력기관인 대통령의 운명을 좌우했던 사건을 두 번이나 경험했습니다.[*] 이러한 헌법현실은 과거 사법권의 독립이 실

---

[*] 헌재 2004. 5. 14. 2004헌나1, 판례집 16-1, 609쪽 이하 대통령(노무현) 탄핵심판사건과 헌재 2017. 3. 10. 2016헌나1, 판례집 29-1, 1쪽 이하 대통령(박근혜) 탄핵심판사건이 바로 그것입니다.

질적으로 담보되지 않았던 군사독재정권시절에 특히 문제가 된 '사법의 정치화' 못지않게 '정치의 사법화' 또한 경계해야 할 현상임을 뚜렷하게 보여주는 것이라 하겠습니다.* 결국 사법과정을 통해서 인권적 가치를 구현하려는 소극적 인권실천가들은 자신의 실천을 통해서 '법에 의한 지배(법치주의)'가 '다수에 의한 지배(민주주의)'를 위협할 수 있다는 점을 항상 경계해야만 합니다.

인권이라는 소중한 가치를 실현하려는 신념을 인권분쟁의 종국적 해결을 목적으로 하는 사법과정에서 과도하게 격발시킨 사법적극주의가 팽배해지면, 인권의 이름으로 사법의 탈을 쓴 정치는 본래의 정치를 파괴할 것이며 모든 국가권력을 구속하고 통제하기 위한 우리의 무기인 인권은 사법기관인 법관에 의해 관리되고 좌우되는 대상으로 전락해버릴 것입니다. 따라서 사법적 방법을 통해서 인권을 보장해야 할 의무가 있는 법원이나 헌법재판소 등과 같은 사법기관은 물론이고 인권침해에 대한 사법적 구제에 주목하고 있는 소극적 인권실천가들은 무엇보다도 정교하고 치밀하면서도 논리 일관된 법적 논증을 통해서 자신이 내린 판단과 실천은 (인권을 존중하고 실현하려는 거

---

* 김해원, 『헌법개정 — 개헌의 이론과 현실』, 한티재, 2017, 81~84쪽.

록한 신념이나 개인적 소신의 결과이거나 혹은 최고정의를 추구하기 위한 고뇌에 찬 정치적 결단이 아니라) 이미 정립되어 있는 법문에 밀착하여 그 의미를 구체적으로 확인한 것에 지나지 않음을 끊임없이 그리고 성실하게 입증해야만 합니다. 이러한 입증의 뒷받침 없이 인권심사에서 심사강도를 높이는 것은 '사법의 탈을 쓴 정치'에 의존한 인권실천이 될 가능성이 많으며, 이러한 실천이 누적된다면 정치와 사법의 건강한 긴장관계가 무너져서 민주주의와 법치주의 양자 모두가 황폐해지고 궁극적으로는 인권현실의 후퇴로 귀결될 것입니다.

50. 정리 : 정치와 사법의 긴장관계와 인권실천의 한계

지금까지 인권관계에서 인권의무자인 국가와 대결하는 실천의 양상에 주목해서 인권실천을 적극적 인권실천으로서의 정치와 소극적 인권실천으로서의 사법으로 분별하여 각각을 살펴보았습니다. 이러한 분별은 인권실천에서 대결 및 경쟁해야 할 대상은 물론이고, 대결 및 경쟁의 지향점을 뚜렷하게 드러낸다는 장점이 있습니다. 왜냐하면 민주적 정치과정에 기대고 있는 적극적 인권실천은 주로 국회의원으로 구성된 국회나 대통령을 수반으로 하는 정부 등과 같이 정치권력을 확보하고 있는 국가기관을 겨냥하면서 현재 합의된 인권보장의 수준을 한 차원 더 높

여나가고자 한다면, 법치에 입각한 사법적 방법에 주목하고 있는 소극적 인권실천은 주로 법관으로 구성된 법원이나 헌법재판소 등과 같은 사법권력을 확보하고 있는 국가기관을 염두에 두고 구체적인 경우에 인권보장의 수준이 합의된 수준보다 후퇴하는 것을 강력하게 저지하고자 하는 실천이기 때문입니다. 이러한 맥락에서 다수에 의한 국가권력행사를 요청하는 민주주의는 현재보다 더 좋은 인권현실을 만들어내고자 하는 적극적 인권실천의 중요한 도구라면, 법에 따른 국가권력행사를 요청함으로써 인권을 위협하는 다수에 의한 국가권력의 자의적 행사를 통제하려는 법치주의는 현재보다 더 나쁜 인권현실을 막아내고자 하는 소극적 인권실천을 위한 중요한 도구라고 해도 좋을 것입니다.

하지만 정치적 방법에 의한 인권실천(적극적 인권실천)과 사법적 방법에 의한 인권실천(소극적 인권실천)을 분별하는 실천적 차원의 중요한 이유는 무엇보다도 각각의 인권실천이 서로를 살피지 않고 자신의 실천만을 과잉 달성하고자 할 경우에 초래될 수 있는 비극을 경고하기 위함입니다. 실제로 민주적 법치국가 내에서 행해지는 많은 인권실천은 그 정도의 차이는 있겠지만 기본적으로 정치와 사법의 긴장관계 속에 놓여 있습니다. 정치가 사법을 압도하여 다수에 의한 지배(민주주의)가 법에 의한 지배(법치주의)를 무력화한다면 다수에 의한 소수의 인권이 침해될 위험성이 증대하고, 반대로 사법이 정치를 압도하여 법에 의한 지배(법치주의)가 다수에 의한 지배(민주주의)를 대체한다면 법을 말하는 소수에 의해서 다수의 인권이 좌우될 위험이 높아집니다. 따라서 다수에 의한 지배라는 민주주의에 입각해 있는 정치와 법에 의한 지배라는 법치주의에 입각해 있는 사법은 인권보장이라는 공통된 과제를 각각 분별되는 다른 방식으로 추구함으로써 한편으로는 상호보완적 기능을, 다른 한편으로는 상호제약적 기능을 수행해야만 합니다.

요컨대 다수에 의한 지배(민주주의)에 기대고 있는 정치권력은 다수에 의한 인권말살의 위험성을 경계하면서도 이상적 인권상황을 실현하기 위한 끊임없는 노력을, 법에 따른 지배(법치주의)를 관철하려는 사법권력은 법 논리에 의해서 정치가 대체되고 민주주의가 왜곡되어 법을 말하는 소수에 의해 다수의 인권이 등한시될 수 있는 위험성을 경계하면서도 즉각 실현되어야 할 인권적 최소정의를 확인하고 인권침해를 제거하려는 구체적 노력을 계속해야 한다는 것입니다. 바로 이러한 점에서 우리들의 인권실천은 정치권력과 사법권력이 긴장관계 속에서 상호간 견제와 균형을 유지하면서도 동시에 협력과 보완을 통해서 함께 인권적 진보를 견인할 수 있도록 이들을 조종하고 통제하는 데 있다고 해도 과언이 아닐 것입니다. 그리고 이러한 조종과 통제에 있어서 적극적 인권실천은 법치주의를 파괴해서는 안 된다는 한계를, 소극적 인권실천은 민주주의를 대체해서는 안 된다는 한계를 각각 준수해야 함은 물론입니다. 왜냐하면 인권관계에서 인권의무자인 국가의 폭력성을 민주주의 원칙에 따라 정당화하면서도, 동시에 법치주의 원칙에 따라 통제하는 것은 민주적 방식으로 인권을 구현하는 **인권민주주의** Grundrechtsdemokratie의 실천과정일 뿐만 아니라,[*] 우리가 헌법을 매개해서 대한민국이라는 독립된 정치공동체로 결집한 이유이기 때문입니다.

---

[*] 인권/기본권민주주의에 관해서는 Vgl. W. Zeh, Parlamentarismus und Individualismus, in: K. Waechter (Hrsg.), *Grundrechtsdemokratie und Verfassungsgeschichte*, HW, 2009, S. 78; 국가의 폭력성이 민주주의 원칙에 따라 정당화되면서, 동시에 법치주의 원칙에 의해서 통제되는 과정이 오늘날의 헌법국가가 지향하는 인권민주주의의 실현과정이란 점에 대해서는 김해원, 「기본권 원용의 양상과 기본권이론」, 『헌법학연구』 17-2, 한국헌법학회, 2011, 402쪽.

민주주의와 인권

다수에 의한 지배가 실질적으로 관철되는 민주주의 국가에서 다수는 힘을 갖고 있기 때문에 '요구'를 핵심으로 하는 권리를 주장할 필요가 크지 않습니다. 자신의 존엄을 위해서 자신이 보유하고 있는 힘을 관철시킬 수 있기 때문입니다. 예컨대 굶주린 다수는 음식을 가진 소수에게 먹을 것을 달라고 요구할 필요 없이 다수의 힘으로 그 음식을 빼앗아 먹으면 그만입니다. 물론 현실에서는 다수가 배고플 때마다 일일이 직접 나서서 저항을 무릅쓰고 음식을 빼앗는 것이 번거롭고 성가실 경우가 많으므로, 노골적인 폭력을 은폐하기 위해 다수의 합의로 법률을 만들고 국가를 내세우거나 다수의 이데올로기(Ideologie)를 교육의 이름으로 주입시켜서 순간순간마다 다수의 힘을 구체적으로 발동하지 않고서도 소수가 알아서 다수를 위한 행위를 지속적으로 하게끔 하는 정치체제를 공고히 하려고 노력할 가능성이 많긴 합니다. 하지만 분명한 것은 민주주의 국가에서 인권이 갖고 있는 더욱 실천적 의미는 다수를 위한 인권보다는 다수에 의해 형성된 현재의 체제 및 질서에 저항하면서 다수를 대변하고 있는 국가에 맞서기 위한 소수자의 무기로서 인권을 강조할 때 부각된다는 것입니다. 그리고 바로 이러한 점에서 인권운동은 민주주의를 거스르는 동력이라고 할 수 있습니다.

만약 민주주의가 관철되고 있음에도 불구하고 다수의 인권상황이 열악한 현실이라면, 이러한 현실문제는 인권문제가 아니라 민주주의문제로 규정짓고, 국가와 대결하는 과정인 인권운동이 아니라 국가를 혁신하기 위해 새로운 다수를 형성하려는 민주주의운동에 기대어 열악한 다수의 인권상황을 개선하도록 하는 것이 더욱 합리적이라고 생각합니다. 왜냐하면 이러한 인권상황을 초래한 근본적이고 직접적인 원인은 인권이란 무기를 활용해서 국가권력을 인권 친화적으로 통제하지 못한 것에 있다기보다는, 애당초 국가의사를 결정하는 다수의 의사가 왜곡되었거나 다수의 경솔한 선택으로부터 기인한 것이기 때문입니다.

물론 민주주의운동에 인권운동이 동참하거나 협력할 수 있으며, 나아가 이러한 동참과 협력이 필요하고 중요하다는 점을 부정하는 것은 아닙니다. 특히 독재권력을 타파한 혁명과정에서는 민주주의운동이 인권운동이었으며 인권운동이 민주주의운동이었다고 해도 과언이 아닐 것입니다. 하지만 오늘날 민주적 헌법국가 체제 하에서 민주주의와 인권이 결합되어 '다수의 인권'이 강조될 경우에는 이러한 강조가 대립되는 소수의 인권을 경시하거나 훼손하는 계기를 축적할 위험성이 아주 크다는 점을 간과해서는 안 됩니다.

왜냐하면 민주주의에 기초한 제도들은 기본적으로 다수에 의한 지배를 관철하기 위해 설계되어 있다는 점에서 소수자의 인권이 강조될 경우에 대립되는 다수자는 민주주의에 기대어 소수자의 인권을 현실적으로 제한 및 통제할 수 있는 힘을 확보하고 있는 반면에, 민주주의에 기대어 소수자가 자신의 존엄을 지켜내는 것은 다수자의 동의 없이는 거의 불가능하거나 아주 어려운 일이기 때문입니다. 따라서 오늘날 인권현실에서 다수의 인권이 강조되는 것은 그 자체만으로도 대립되는 소수에게는 큰 위협이 될 수 있다는 점을 염두에 두어야 합니다. 그리고 무엇보다도 인권이 민주주의에 손쉽게 기댈 수 있는 다수의 의사를 치장하는 장식물로 전락하지 않고 다수가 형성한 체제에 저항하는 소수자의 무기로 제대로 자리매김할 수 있도록 인권실천의 방향을 잘 설정할 필요가 있습니다. 바로 이러한 점에서 오늘날 우리 정치현실에서 성소수자·장애인·어린이·수감자 등과 같은 소수자의 형편은 민주주의와 대결하는 본격적인 인권운동을 추동하는 강력한 계기라고 해도 과언이 아닐 것입니다.

51. 요약 : 성찰을 위한 시간으로서 인권강의

이제 강의를 마무리해야 할 때입니다. 주어진 시간에 비해서 지금까지 비교적 많은 내용들(인권의 개념과 본질, 인권관계, 인권의 목적, 인권실천을 위한 계기로서 인권심사, 그리고 인권실천의 방식과 그 한계 등)을 설명했습니다만, 여러분이 기대했던 바를 이 강의가 얼마나 충족했는지는 잘 모르겠습니다. 만약 현실에서 마주한 복잡다기한 구체적 문제들을 인권의 이름으로 해결하고자 했다면, 이 강의는 부족함이 많았을 것입니다. 하지만 이 강의가 기대한 바는 구체적 인권문제를 해결할 수 있는 비책을 터득하는 데 있는 것이 아니라, 인권과 인권문제에 대한 반성의 힘을 키우기 위함이었습니다.* 이러한 점을 염두에 두고 지금까지 어떤 내용들이 어떠한 문제의식에서 설명되었는지를 간단히 요약해봅시다.

① 우선 (인권개념 및 인권본질에 대한 명확한 이해 없이 인권을 내걸고 행해지는 분별없는 요구들에 부응하기보다는) '헌법적 차원의 권리로서 인권'이 갖는 의미를 부각시켜서 정확한 인권이해와 정당한 인권주장의 토대를 마련하고자 했으며, (인권이 예절이나 윤리 혹은 도덕으로 변질되어 인권보유자의 행위를 규율하는 수단으로 왜곡되는 경향에 맞서서) '인권관계에서는 오직 국가만이 인권의 무자'라는 점을 강조하고 '인권의무자인 국가는 본질적으로 폭력에 기초하고 있다는 점'을 노골화했습니다. 다양한 삶의 영역에서 다양하게 발생할 수 있는 개개의 인권문제들을 정확하게 포착하기 위해서는 무엇보다도 인권의 본질과 인권관계를 이해하고 올바른 인권감수성을 함양하는 것이 급선무라고 생각했기 때문입니다.

② 그리고 (목적적 가치로서의 인권을 주목하고 이를 강조하고 있는 현실을 좇아가기보다는) '인권 그 자체는 목적적 가치가 아니라 인간존엄을 달성하기 위한 수단이란 점'을 특별히 환기한 다음,

---

* 절 번호 3 참조.

인권침해여부를 판단하는 과정인 '인권심사'와 그러한 판단의 잣대인 '인권심사기준'에 관해서 상대적으로 많은 설명을 할애했습니다. 나날이 증가하고 있는 인권침해주장에 비해서 인권침해이유에 대한 합리적인 설명은 현실에서 상대적으로 경시되고 있다고 생각했기 때문입니다.

③ 아울러 (구체적이고 실효적인 인권실천의 방법을 내어놓기보다는) 우리 정치공동체의 지도 원리인 민주주의와 법치주의 등과 같은 이념에 내포된 반인권적 혹은 인권 억압적 측면에 주목해서 '인권실천에서 경계해야 할 점'을 드러내고자 노력했습니다. 이미 다양한 생활영역에서 불거진 각종 인권문제들을 각자 나름의 식견과 방식에 기대어 대처해오고 있는 우리에게는 현재 마주하고 있는 구체적 인권문제에 대한 해결책을 찾기 위해 동분서주하는 것 못지않게 때로는 새로운 관점을 제기해서 문제 그 자체를 통찰하는 것도 필요하다고 생각했기 때문입니다.

실제로 인권에 대한 우리의 이해와 활약을 돌이켜 살피는 계기, 즉 반성의 계기는 ① 어떤 사태를 인권문제로 포착하는 것보다는 인권이 무엇인지를 되묻고 인권 그 자체를 문제로 포착하는 과정을 통해서, ② 포착된 인권문제의 결론으로 인권침해를 주장하는 것보다는 결론인 인권침해에 이르게 된 이유와 근거를 논증하는 과정을 통해서, 그리고 ③ 인권침해에 맞서서 특

정한 인권실천을 대응책으로 제시하는 것보다는 제시된 인권
실천의 한계와 문제점을 살피는 과정을 통해서 더욱 축적되고
강화될 수 있을 것입니다. 바로 이러한 점에서 강의의 형식으로
인권이론과 인권실천을 다루고 있는 이 시간이 인권이론과 인
권실천에 대한 반성, 즉 인권을 위한 성찰의 시간으로 기억되었
으면 좋겠습니다.

52. 마침 인사

마지막으로 이 말씀만은 꼭 드리고 싶습니다. 민주적 헌법국가
에서 현재의 인권상황은 과거의 민주주의에 의해 구축되어 현
재의 민주주의에 의해 승인된 결과물입니다. 따라서 현재의 인
권상황에서 단 한 발짝이라도 더 나아가고자 한다면, 현재의 민
주주의와 대결하면서 미래의 민주주의와 손잡기 위한 노력을
끊임없이 해야만 합니다. 바로 이러한 점에서 우리 헌법이 지향
하는 정치공동체인 **인권민주주의*** 국가(민주적 방식으로 인권을

---

* 한편 쟁론의 장에서 이념적 덧칠로 인해 '자유민주주의'가 경제적 강자의 이익을 대변
하는 구호로 경도되고 있는 경우라면, 왜곡된 '자유민주주의'를 바로잡거나 이에 맞서
기 위한 대안개념 혹은 대항개념으로서 '인권민주주의'를 적극적으로 활용하는 것을
고민해볼 필요가 있다고 생각합니다. 왜냐하면 압제에 대한 저항으로서 자유에 내포된
본래적 의미가 경제적 강자에 의해 변질되는 계기를 차단하고, 현실이 개념으로 왜곡
되는 현상을 줄여서 더 합리적인 논의를 하는 데 도움 될 수 있을 것이기 때문입니다.

167

구현해나가는 국가)에서 인권적 진보를 희망하는 사람들에게 승리는 존재하지 않거나, 있다고 하더라도 스쳐가는 아주 잠깐의 시간일 수밖에 없습니다. 꿈꾸던 미래가 현실이 되면, 그 미래는 다시 극복되어야 할 대상이 되기 때문입니다. 따라서 인권옹호를 소명으로 삼고자 한다면, 짧은 승리의 가능성에 기대어 긴 패배를 견뎌낼 수 있는 힘을 키워야 합니다. 부디 이 강의를 듣는 여러분들의 일상이 힘들더라도 평화롭고 행복했으면 좋겠습니다. 그래야 긴 패배의 시간들을 수월하게 흘려보낼 수 있을 것이기 때문입니다. 감사합니다.

대한민국헌법 제2장 국민의 권리와 의무

제10조 모든 국민은 인간으로서의 존엄과 가치를 가지며, 행복을 추
구할 권리를 가진다. 국가는 개인이 가지는 불가침의 기본적 인권
을 확인하고 이를 보장할 의무를 진다.

제11조 ①모든 국민은 법 앞에 평등하다. 누구든지 성별·종교 또는
사회적 신분에 의하여 정치적·경제적·사회적·문화적 생활의 모든
영역에 있어서 차별을 받지 아니한다.

②사회적 특수계급의 제도는 인정되지 아니하며, 어떠한 형태로도
이를 창설할 수 없다.

③훈장 등의 영전은 이를 받은 자에게만 효력이 있고, 어떠한 특권
도 이에 따르지 아니한다.

제12조 ①모든 국민은 신체의 자유를 가진다. 누구든지 법률에 의하

지 아니하고는 체포·구속·압수·수색 또는 심문을 받지 아니하며, 법률과 적법한 절차에 의하지 아니하고는 처벌·보안처분 또는 강제노역을 받지 아니한다.

②모든 국민은 고문을 받지 아니하며, 형사상 자기에게 불리한 진술을 강요당하지 아니한다.

③체포·구속·압수 또는 수색을 할 때에는 적법한 절차에 따라 검사의 신청에 의하여 법관이 발부한 영장을 제시하여야 한다. 다만, 현행범인인 경우와 장기 3년 이상의 형에 해당하는 죄를 범하고 도피 또는 증거인멸의 염려가 있을 때에는 사후에 영장을 청구할 수 있다.

④누구든지 체포 또는 구속을 당한 때에는 즉시 변호인의 조력을 받을 권리를 가진다. 다만, 형사피고인이 스스로 변호인을 구할 수 없을 때에는 법률이 정하는 바에 의하여 국가가 변호인을 붙인다.

⑤누구든지 체포 또는 구속의 이유와 변호인의 조력을 받을 권리가 있음을 고지받지 아니하고는 체포 또는 구속을 당하지 아니한다. 체포 또는 구속을 당한 자의 가족 등 법률이 정하는 자에게는 그 이유와 일시·장소가 지체 없이 통지되어야 한다.

⑥누구든지 체포 또는 구속을 당한 때에는 적부의 심사를 법원에 청구할 권리를 가진다.

⑦피고인의 자백이 고문·폭행·협박·구속의 부당한 장기화 또는

기망 기타의 방법에 의하여 자의로 진술된 것이 아니라고 인정될 때 또는 정식재판에 있어서 피고인의 자백이 그에게 불리한 유일한 증거일 때에는 이를 유죄의 증거로 삼거나 이를 이유로 처벌할 수 없다.

제13조 ①모든 국민은 행위 시의 법률에 의하여 범죄를 구성하지 아니하는 행위로 소추되지 아니하며, 동일한 범죄에 대하여 거듭 처벌받지 아니한다.

②모든 국민은 소급입법에 의하여 참정권의 제한을 받거나 재산권을 박탈당하지 아니한다.

③모든 국민은 자기의 행위가 아닌 친족의 행위로 인하여 불이익한 처우를 받지 아니한다.

제14조 모든 국민은 거주·이전의 자유를 가진다.

제15조 모든 국민은 직업선택의 자유를 가진다.

제16조 모든 국민은 주거의 자유를 침해받지 아니한다. 주거에 대한 압수나 수색을 할 때에는 검사의 신청에 의하여 법관이 발부한 영장을 제시하여야 한다.

제17조 모든 국민은 사생활의 비밀과 자유를 침해받지 아니한다.

제18조 모든 국민은 통신의 비밀을 침해받지 아니한다.

제19조 모든 국민은 양심의 자유를 가진다.

제20조 ①모든 국민은 종교의 자유를 가진다.

②국교는 인정되지 아니하며, 종교와 정치는 분리된다.

제21조 ①모든 국민은 언론·출판의 자유와 집회·결사의 자유를 가
진다.

②언론·출판에 대한 허가나 검열과 집회·결사에 대한 허가는 인정
되지 아니한다.

③통신·방송의 시설기준과 신문의 기능을 보장하기 위하여 필요
한 사항은 법률로 정한다.

④언론·출판은 타인의 명예나 권리 또는 공중도덕이나 사회윤리
를 침해하여서는 아니된다. 언론·출판이 타인의 명예나 권리를 침
해한 때에는 피해자는 이에 대한 피해의 배상을 청구할 수 있다.

제22조 ①모든 국민은 학문과 예술의 자유를 가진다.

②저작자·발명가·과학기술자와 예술가의 권리는 법률로써 보호
한다.

제23조 ①모든 국민의 재산권은 보장된다. 그 내용과 한계는 법률로
정한다.

②재산권의 행사는 공공복리에 적합하도록 하여야 한다.

③공공필요에 의한 재산권의 수용·사용 또는 제한 및 그에 대한 보
상은 법률로써 하되, 정당한 보상을 지급하여야 한다.

제24조 모든 국민은 법률이 정하는 바에 의하여 선거권을 가진다.

제25조 모든 국민은 법률이 정하는 바에 의하여 공무담임권을 가

진다.

제26조 ①모든 국민은 법률이 정하는 바에 의하여 국가기관에 문서로 청원할 권리를 가진다.

②국가는 청원에 대하여 심사할 의무를 진다.

제27조 ①모든 국민은 헌법과 법률이 정한 법관에 의하여 법률에 의한 재판을 받을 권리를 가진다.

②군인 또는 군무원이 아닌 국민은 대한민국의 영역 안에서는 중대한 군사상 기밀·초병·초소·유독음식물공급·포로·군용물에 관한 죄 중 법률이 정한 경우와 비상계엄이 선포된 경우를 제외하고는 군사법원의 재판을 받지 아니한다.

③모든 국민은 신속한 재판을 받을 권리를 가진다. 형사피고인은 상당한 이유가 없는 한 지체 없이 공개재판을 받을 권리를 가진다.

④형사피고인은 유죄의 판결이 확정될 때까지는 무죄로 추정된다.

⑤형사피해자는 법률이 정하는 바에 의하여 당해 사건의 재판절차에서 진술할 수 있다.

제28조 형사피의자 또는 형사피고인으로서 구금되었던 자가 법률이 정하는 불기소처분을 받거나 무죄판결을 받은 때에는 법률이 정하는 바에 의하여 국가에 정당한 보상을 청구할 수 있다.

제29조 ①공무원의 직무상 불법행위로 손해를 받은 국민은 법률이 정하는 바에 의하여 국가 또는 공공단체에 정당한 배상을 청구할

수 있다. 이 경우 공무원 자신의 책임은 면제되지 아니한다.

②군인·군무원·경찰공무원 기타 법률이 정하는 자가 전투·훈련 등 직무집행과 관련하여 받은 손해에 대하여는 법률이 정하는 보상 외에 국가 또는 공공단체에 공무원의 직무상 불법행위로 인한 배상은 청구할 수 없다.

제30조 타인의 범죄행위로 인하여 생명·신체에 대한 피해를 받은 국민은 법률이 정하는 바에 의하여 국가로부터 구조를 받을 수 있다.

제31조 ①모든 국민은 능력에 따라 균등하게 교육을 받을 권리를 가진다.

②모든 국민은 그 보호하는 자녀에게 적어도 초등교육과 법률이 정하는 교육을 받게 할 의무를 진다.

③의무교육은 무상으로 한다.

④교육의 자주성·전문성·정치적 중립성 및 대학의 자율성은 법률이 정하는 바에 의하여 보장된다.

⑤국가는 평생교육을 진흥하여야 한다.

⑥학교교육 및 평생교육을 포함한 교육제도와 그 운영, 교육재정 및 교원의 지위에 관한 기본적인 사항은 법률로 정한다.

제32조 ①모든 국민은 근로의 권리를 가진다. 국가는 사회적·경제적 방법으로 근로자의 고용의 증진과 적정임금의 보장에 노력하여야 하며, 법률이 정하는 바에 의하여 최저임금제를 시행하여야 한다.

②모든 국민은 근로의 의무를 진다. 국가는 근로의 의무의 내용과 조건을 민주주의 원칙에 따라 법률로 정한다.

③근로조건의 기준은 인간의 존엄성을 보장하도록 법률로 정한다.

④여자의 근로는 특별한 보호를 받으며, 고용·임금 및 근로조건에 있어서 부당한 차별을 받지 아니한다.

⑤연소자의 근로는 특별한 보호를 받는다.

⑥국가유공자·상이군경 및 전몰군경의 유가족은 법률이 정하는 바에 의하여 우선적으로 근로의 기회를 부여받는다.

제33조 ①근로자는 근로조건의 향상을 위하여 자주적인 단결권·단체교섭권 및 단체행동권을 가진다.

②공무원인 근로자는 법률이 정하는 자에 한하여 단결권·단체교섭권 및 단체행동권을 가진다.

③법률이 정하는 주요방위산업체에 종사하는 근로자의 단체행동권은 법률이 정하는 바에 의하여 이를 제한하거나 인정하지 아니할 수 있다.

제34조 ①모든 국민은 인간다운 생활을 할 권리를 가진다.

②국가는 사회보장·사회복지의 증진에 노력할 의무를 진다.

③국가는 여자의 복지와 권익의 향상을 위하여 노력하여야 한다.

④국가는 노인과 청소년의 복지향상을 위한 정책을 실시할 의무를 진다.

⑤신체장애자 및 질병·노령 기타의 사유로 생활능력이 없는 국민은 법률이 정하는 바에 의하여 국가의 보호를 받는다.

⑥국가는 재해를 예방하고 그 위험으로부터 국민을 보호하기 위하여 노력하여야 한다.

제35조 ①모든 국민은 건강하고 쾌적한 환경에서 생활할 권리를 가지며, 국가와 국민은 환경보전을 위하여 노력하여야 한다.

②환경권의 내용과 행사에 관하여는 법률로 정한다.

③국가는 주택개발정책 등을 통하여 모든 국민이 쾌적한 주거생활을 할 수 있도록 노력하여야 한다.

제36조 ①혼인과 가족생활은 개인의 존엄과 양성의 평등을 기초로 성립되고 유지되어야 하며, 국가는 이를 보장한다.

②국가는 모성의 보호를 위하여 노력하여야 한다.

③모든 국민은 보건에 관하여 국가의 보호를 받는다.

제37조 ①국민의 자유와 권리는 헌법에 열거되지 아니한 이유로 경시되지 아니한다.

②국민의 모든 자유와 권리는 국가안전보장·질서유지 또는 공공복리를 위하여 필요한 경우에 한하여 법률로써 제한할 수 있으며, 제한하는 경우에도 자유와 권리의 본질적인 내용을 침해할 수 없다.

제38조 모든 국민은 법률이 정하는 바에 의하여 납세의 의무를 진다.

제39조 ①모든 국민은 법률이 정하는 바에 의하여 국방의 의무를 진다.

②누구든지 병역의무의 이행으로 인하여 불이익한 처우를 받지 아니한다.

인권민주주의를 위한 헌법 강의

인권이란 무엇인가

초판 1쇄 발행   2018년 8월 20일
초판 4쇄 발행   2023년 11월 27일

지은이   김해원
펴낸이   오은지
책임편집   변홍철
표지디자인   박대성
펴낸곳   도서출판 한티재 | 등록   2010년 4월 12일 제2010-000010호
주소   42087 대구시 수성구 달구벌대로 492길 15
전화   053-743-8368 | 팩스   053-743-8367
전자우편   hantibooks@gmail.com | 블로그   www.hantibooks.com

ⓒ 김해원 2018
ISBN   978-89-97090-91-4 04300
ISBN   978-89-97090-40-2 (세트)

이 도서의 국립중앙도서관 출판예정도서목록(CIP)은 서지정보유통지원시스템
홈페이지(http://seoji.nl.go.kr)와 국가자료공동목록시스템(http://www.nl.go.kr/kolisnet)에
서 이용하실 수 있습니다. (CIP제어번호: CIP2018024307)